행복의
사닥다리

장경동 목사 저

행복의 사닥다리

• 초판 1쇄 발행 2007년 6월 25일
• 초판 2쇄 발행 2007년 12월 15일

• 지은이 장경동
• 펴낸이 정종현
• 교정 · 교열 박혜란
• 펴낸곳 도서출판 누가

• 등록번호 제 20-342호
• 등록일자 2000년 8월 30일
• 서울시 동작구 상도2동 186-7(3층)
• 전화(02)826-8802 팩스(02)825-0079

• 정가 10,000원
• ISBN 978-89-89344-29-2 03230

HAPPY

장경동 목사의 힘을 담은 설교모음 2

행복의 사닥다리

서문

그리스도인은 무조건 행복해야 합니다. 아니, 참된 그리스도인이라면 행복할 수밖에 없습니다.

물론 그리스도인이 된다고 해서 순식간에 삶의 모든 환경들이 행복을 주는 상태로 변하는 것은 아닙니다. 하지만 그리스도인이 되면 삶을 바라보는 눈이 변하게 되고, 그래서 행복할 수밖에 없다는 말입니다.

사실 우리가 행복하지 않았던 이유는 환경 때문이 아니라 환경을 보는 시각 때문이었습니다. 만일 환경이나 조건이 행복의 절대 기준이라면 환경이 열악한 사람들은 모두 불행해야 하고 환경이 좋은 사람들은 모두 행복해야 마땅합니다. 그러나 좋은 환경이지만 불행한 사람들도 있고 나쁜 환경임에도 불구하고 행복한 사람들도 얼마든지 많습니다.

때문에 행복하려면 삶을 바라보는 시각이 좋아야 하는데, 그리스도인이 되면 하나님의 말씀을 통하여 행복한 인생을 살아갈 수 있는 시각을 갖게 됩니다. 결과적으로 그리스도인이 되면 행복해지는 것입니다.

하나님은 하나님의 자녀들이 예외 없이 행복하기를 간절히 원하십니다. 그래서 행복의 원리들을 성경 속에 담아 두셨습니다. 성경 속에 담겨진 행복의 원리들을 우리의 삶 가운데 하나하나 적용하다 보면 어느새 인생을 새롭게 바라보게 될 것입니다. 뿐만 아니라 우리의 삶도 행복한 삶으로 변해 있음을 발견하게 될 것입니다.

여러분 행복의 사닥다리를 한 칸씩 올라가지 않겠습니까?

장경동 목사

차례

· 이 세상에는 자랑할 것이 없으므로

평생 자랑할 오직 한 가지

질병 __156

질병이 걸릴 수밖에 없는 상황

히스기야의 대처방안

하는 기도와 되는 기도

기도의 소스

해답은 참 간단하다

변화 __173

수양과 변화

신분이 변화되어야 한다

삶이 변화되어야 한다

사랑의 대상이 변화되어야 한다

악 __195

악은 반드시 자란다

악에는 악이 붙는다

악을 버려야 인생이 바뀐다

사랑

내가 사람의 방언과 천사의 말을 할지라도 사랑이 없으면 소리 나는 구리와 울리는 꽹과리가 되고 내가 예언하는 능이 있어 모든 비밀과 모든 지식을 알고 또 산을 옮길 만한 모든 믿음이 있을지라도 사랑이 없으면 내가 아무 것도 아니요 내가 내게 있는 모든 것으로 구제하고 또 내 몸을 불사르게 내어줄지라도 사랑이 없으면 내게 아무 유익이 없느니라 사랑은 오래 참고 사랑은 온유하며 투기하는 자가 되지 아니하며 사랑은 자랑하지 아니하며 교만하지 아니하며 무례히 행치 아니하며 자기의 유익을 구치 아니하며 성내지 아니하며 악한 것을 생각지 아니하며 불의를 기뻐하지 아니하며 진리와 함께 기뻐하고 모든 것을 참으며 모든 것을 믿으며 모든 것을 바라며 모든 것을 견디느니라(고전 13:1-7)

기독교의 정신을 가장 잘 표현한 한마디가 있다면 그것은 '사랑' 입니다.

하나님의 속성을 가장 잘 나타낸 한마디가 있다면 그것도 '사랑' 입니다.

성경에서 가장 많이 기록된 말도 '사랑' 입니다.

가장 하기 쉬운 말도 '사랑'입니다.

하지만 가장 실천하기 어려운 것 역시 '사랑'입니다.

평생 한 가지 주제만 가지고 설교하라면 그것은 당연히 '사랑'이어야 합니다.

사랑이 아름다운 핑크빛입니까? 맞습니다. 하지만 그것은 사랑의 한쪽 면입니다. 사랑은 때로는 어두움이고 때로는 괴로움입니다. 그렇다면 왜 이렇게 사랑이 중요하며, 무엇보다 먼저 선포해야 할 설교 제목입니까?

> 서기관 중 한 사람이 저희의 변론하는 것을 듣고 예수께서 대답
> 잘하신 줄을 알고 나아와 묻되 모든 계명 중에 첫째가 무엇이니이
> 까 예수께서 대답하시되 첫째는 이것이니 이스라엘아 들으라 주
> 곧 우리 하나님은 유일한 주시라 네 마음을 다하고 목숨을 다하고
> 뜻을 다하고 힘을 다하여 주 너의 하나님을 사랑하라 하신 것이요
> (막 12:28-30)

예수님께서 가장 크고 첫째 되는 계명이 사랑이라고 말씀하셨기 때문입니다.

> 피차 사랑의 빚 외에는 아무에게든지 아무 빚도 지지 말라 남을
> 사랑하는 자는 율법을 다 이루었느니라 (롬 13:8)

사랑이 율법의 완성이기 때문입니다.

> 그런즉 믿음, 소망, 사랑, 이 세 가지는 항상 있을 것인데 그 중에
> 제일은 사랑이라 (고전 13:13)

믿음과 소망과 사랑 가운데 제일이 사랑이기 때문입니다. 성경에서 이처럼 다른 무엇과 비교하면서 제일이라고 하는 것, 첫째라고 하는 것, 가장 큰 계명이라고 하는 것은 오직 사랑 밖에 없습니다. 그 만큼 사랑은 중요하고 큰 것이고 힘든 것이고 수준 있는 것입니다.

사랑의 힘

우리들이 사랑을 실천하지 못하는 것은 그 만큼 사랑이 힘들고 어려운 것이기 때문입니다.

온 우주를 떠받치고 있는 힘, 온 우주를 지탱하는 힘이 무엇입니까? 바로 사랑입니다. 얼핏 보면 경제력이 한 나라를 지탱하는 힘 같습니다. 군사력이 그 나라를 든든히 세워가는 것 같습니다. 하지만 한 나라를 지탱하는 힘은 분명 사랑입니다.

사랑이 나라를 지탱합니다. 직장이 되었든 교회가 되었든 어떤 조직이 되었든 그 단체를 유지하는 힘 역시 사랑입니다. 때로는 그 단체가 마음에 들지 않아서 떠나가고 싶을지라도 힘겹게 그렇게 유지되는 것 역시 그 단체를 사랑하는 사람들이 있기 때문입니다.

한 가정을 유지하는 힘도 두 말 할 것 없이 사랑입니다. 사랑이 빠진 아내는 도저히 그 많은 가사 업무를 감당할 수 없습니다.

'내가 어디 가서 파출부를 해도 이것 보다는 잘 살겠다.'

당연히 이렇게 생각할 것입니다. 남편 역시 마찬가지로 그 힘들고 과중한 직장 일들을 견뎌낼 수 없습니다.

'내가 무슨 이 집 머슴이냐?'

자식도 다르지 않습니다.

'저런 부모 밑에 태어난 것이 내 일생 재수 옴 붙은 일이다.'

부모도 마찬가지입니다.

'내가 평생 실수한 게 있다면 너 같은 놈 낳은 거다.'

이와 같이 사랑을 빼버리면 한 가정은 지체 없이 분해되고 맙니다. 아무리 마음에 들지 않고 너무 힘들지만 그래도 가정이 유지되는 힘은 분명 사랑입니다. 사랑이 가정을 받쳐가고 있으며 사랑이 가정을 유지해가고 있습니다.

좀더 더 깊이 들어가겠습니다. 한 개인을 지켜주는 힘이 무엇입니까? 그것 역시 사랑입니다. 내 몸에 있는 세포들이 하나하나 죽지 않고 폭발하지 않고 유지되고 있는 힘 역시 사랑입니다. 우리 몸에서 사랑을 빼낸다면 지금이라도 터져버리고 말 것입니다. 우리 몸이 폭발하지 않고 모든 기능이 유지되어가고 있는 것은 내 속에 사랑의 힘이 작용하기 때문입니다.

이처럼 사랑은 세포 하나하나에서부터 시작하여 이 나라, 나아가서 우주에 이르기까지 엄청난 힘으로 작용하고 있습니다.

암 세포의 특징이 무엇입니까? 의학적인 설명은 아니지만 저는 암세포를 '저 하나만 아는 세포'를 암세포라고 부릅니다. 다른 세포는 전혀 생각할 줄 모르는 세포, 사랑이라고는 전혀 없는 세포가 바로 암세포입니다. 우연히 의학책을 읽다가 깜짝 놀란 사실을 발견했습니다. 이 고약한 암세포는 사람이 죽어도 성장한다고 합니다. 사람의 생명이 끊어졌고 모든 세포의 성장이 멈추어도 암세포는 시체를 뜯어먹고 자란답니다. 사람이 죽어서 영양공급이 안되는데도 마지막까지 남아서 잔인하게 먹고 크는 것이 바로 암세포입니다.

이 암세포를 억제할 수 있는 자연치유력의 힘이 하나 있는데 그것이 뭔지 아십니까? 바로 사랑입니다. 강력한 암세포를 자연치유할 수 있는 힘, 강력한 암세포를 억제할 수 있는 더 강한 힘은 사랑밖에 없습니다.

물론 모두에게 해당되지는 않습니다. 하지만 임상 실험 결과, 암환자들에게는 공통적으로 그 마음에 미움이 있었다고 합니다. 그래서 성경은 네가 원수 갚는다고 하다가 병들어서 네가 먼저 죽기 전에 모든 것을 하나님께 맡기라고 말씀하십니다.

남들에게 착하다는 소리를 듣는 사람이라고 해서 다른 사람을 미워하지 않습니까? 아닙니다. 착한사람일수록 더 미워할 수 있습니다. 차라리 그렇지 않은 사람은 확 퍼붓기라도 할 것인데 착한 사람은 퍼붓지도 못하고 고스란히 마음 속에 담아둡니다.

아무리 미워도 말 한마디 하지 못합니다. 도저히 미움을 표현하지 못하고 마음속에 차곡차곡 담아둡니다. 신랑이 미웠다가 시어머니가 미웠다가, 저 사람이 미웠다가 이 사람이 미웠다가 이렇게 계속 돌아가면서 누군가를 미워한다면 그 몸속에 암이 커갈지도 모릅니다. 빨리 사랑으로 바꾸십시오. 상대방을 위해서도 그렇게 해야 하지만 그보다 먼저 나 자신을 위해서라도 사랑으로 바꾸어야 합니다. 말씀 속에서 깨닫고 사랑으로 바꾸십시오. 그것이 내가 사는 길입니다.

사랑 밖에 없습니다. 사랑이 가정을 지배하고, 사랑이 교회를 지배하고, 사랑이 사회와 국가를 지배합니다. 그래서 사랑은 성숙의 극치요, 하나님의 속성입니다.

목회하면서 깨달은 아주 중요한 사실이 있습니다. 결국은 하나님의 말씀대로 되더라는 겁니다. 뭐든지 깨닫고 보면 하나님의 말씀대로입니다. 결국 인간이 깨달으면 말씀의 원리를 깨달은 것이고, 깨닫지 못했다면 말씀의 원리를 깨닫지 못한 겁니다.

사랑이 없으면 아무 것도 아니다
사랑이 있는 은사

> 내가 사람의 방언과 천사의 말을 할지라도 사랑이 없으면 소리 나
> 는 구리와 울리는 꽹과리가 되고 (1절)

방언도 좋은 것이고 천사의 말도 좋은 것입니다. 이 모두 하나님

께서 주신 은사입니다. 하나님께서 주신 선물입니다. 나쁜 은사는 없습니다. 그런데 아무리 좋은 은사일지라도 반드시 빠지면 안 될 것이 있습니다. 바로 사랑입니다. 모든 은사에는 사랑이 있어야 합니다. 방언 속에도 사랑이 있어야 합니다.

사랑이 없는 은사는 조심하십시오. 방언이나 천사의 말이 나쁘다는 의미는 아닙니다. 성경도 그런 의도로 말씀하신 것은 아닙니다. 천사의 말이 얼마나 좋은 것입니까? 하지만 그 속에 사랑이 빠지면 안 됩니다. 은사 속에는 반드시 사랑이 있어야 합니다.

사랑이 담긴 능력

> 내가 예언하는 능이 있어 모든 비밀과 모든 지식을 알고 또 산을 옮길 만한 모든 믿음이 있을지라도 사랑이 없으면 내가 아무 것도 아니요 (2절)

당시 고린도 교회는 능력이 많이 나타났습니다. 지금도 얼마나 많은 교회들이, 얼마나 많은 기도원들이 하나님의 능력을 사모합니까? 그런데 능력에 반드시 수반되어야 할 것이 바로 사랑입니다. 능력 속에는 반드시 사랑이 수반 되어야 합니다. 왜 그렇습니까? 어떠한 능력이든 사랑이 없으면 장사꾼의 능력이요, 예언 역시 장사꾼의 예언이 되어버리기 때문입니다.

사랑이 담긴 절제

내가 내게 있는 모든 것으로 구제하고 또 내 몸을 불사르게 내어

줄지라도 사랑이 없으면 내게 아무 유익이 없느니라(3절)

구제가 나쁜 것이 아닙니다. 성경에서 구제는 하나님께 꾸어주는 것이라고 기록되어 있고, 분명히 구제하는 사람은 풍족하여질 것이라고 약속하셨습니다. 하지만 아무리 좋은 구제일지라도 그 동기는 반드시 사랑이어야 합니다.

사랑이란?
사랑은 모든 삶의 본질

사랑은 모든 삶의 본질입니다. 모든 사물이 존재하도록, 모든 인간관계가 유지되도록 떠받치는 본질이 바로 사랑입니다. 그러므로 그 어떠한 것도 사랑에서 벗어나면 본질에서 벗어난 것입니다. 제 아무리 크고 제 아무리 많고 제 아무리 높다 할지라도 사랑에서 벗어나면 본질에서 벗어난 것입니다.

아무리 높아져도 본질을 잃어버리면 안 되고, 아무리 많이 벌어도 본질을 잃어버리면 안 됩니다. 본질 속에서 벌고 본질 속에서 높아져야지 본질을 잃어버리면 안 된다는 것입니다. 그 본질이 바로 사랑입니다. 그러니까 사랑으로 돈을 벌어야 됩니다. 그 본질이 바로 말씀입니다. 그러니까 말씀 안에서 돈을 벌어야 합니다.

사랑은 기쁨

사랑은 기쁨입니다. 인간의 참된 기쁨이 어디서 나오는지 아십니까? 사랑 속에서 나옵니다. 꽃을 사랑해보십시오. 싹이 나고 자라면 얼마나 기쁜지 모릅니다. 꽃 한 송이를 보면서도 그렇게 기쁠 수가 없습니다. 왜 이렇게 꽃을 보면서 기뻐합니까? 꽃을 사랑하기 때문입니다. 사랑하면 기쁩니다.

사랑은 관심과 배려

사랑은 관심이요 배려입니다. 집에 돌아와 아내가 식사를 했는지 안했는지 관심이 없다면 이미 아내를 사랑하지 않는 남편입니다. 집에 돌아온 남편이 식사를 했는지 하지 않았는지 신경도 안 쓰인다면 남편에 대한 사랑이 없는 아내입니다. 사랑은 관심이요, 배려입니다. 사랑한다면 돌봐주는 겁니다. 배려하는 겁니다.

천성이 그럴 수도 있지만 사실은 그보다 먼저 사랑이 없기 때문에 돌보지 않고 배려하지 않습니다. 어색하고 쑥스러워서 도저히 선물하지 못하는 사람도 사랑하는 사람에게는 선물하지 않습니까? 식사하는 것이든 병든 것이든 괴로운 것이든 상대방에 대한 관심이 곧 사랑입니다.

사랑은 책임

사랑은 책임입니다. 부모는 자식을 사랑하기 때문에 책임집니다. 잘 기억하십시오. 낳았기 때문에 책임지는 것이 아니라 사랑하기 때문에 책임지는 것입니다. 그런데 자식들은 부모를 책임지려 하지 않습니다. 왜 그렇습니까? 그것 역시 능력의 문제가 아니라 사랑의 문제입니다.

사랑은 희생

사랑은 희생입니다. 여기서 말하는 희생은 단순히 손해 보는 것이 아니라 그를 위해서 죽기까지 하는 희생을 뜻합니다. 주님이 나를 위해서 죽으셨던 것처럼 나 역시 주님을 위해서 죽는 겁니다. 그가 나를 위해서 죽고 내가 그를 위해서 죽을 때 그것이 바로 사랑이요, 사랑에서 나오는 희생입니다.

표현은 안하고 말은 잘 안하지만 정말 착하고 훌륭한 교인이 있는가 하면 '정말 저래서 안 되는데' 싶은 교인도 있습니다. 아픈 남편이나 병든 아내를 그렇게 정성껏 수발하는 성도들을 보면 겉으로는 말하지 않지만 '저 사람 훌륭하다.' '정말 아내를 사랑하는구나.' 생각됩니다.

그런데 어떤 사람은 배우자가 아픈데도 밥도 잘 안 해주고 집에 들어가는 시간도 자기 마음대로입니다. 그러면 말은 하지 않지만 '어떻게 저럴 수 있지?' 하는 생각이 듭니다. 사랑이 결여되었기 때문입니다. 사랑은 희생입니다.

사랑은 교제

사랑은 교제입니다. 왜 주님이 우리에게 골방 기도를 요구하셨습니까? 간구하라는 뜻 이전에 나와 같이 교제하자는 하나님의 데이트 신청입니다. 같이 있고 싶고 대화하고 싶은 것이 사랑 아닙니까? 그냥 그 사람이 있음으로 좋고 즐겁습니다. 무슨 주제로 이야기를 해서 행복한 것이 아니라 그와 함께 있으므로 즐거운 것, 그것이 바로 사랑입니다.

원종수 권사님의 믿음은 정말 아름답고 본받을 만하다고 생각됩니다. 원종수 권사님이 처음 미국에 건너갔을 때에는 하루 끼니가 걱정이 될 만큼 어렵고 힘들었다고 합니다. 이 때 하나님께서 너무 좋은 직장을 허락해 주십니다. 그럼에도 불구하고 원종수 권사님 마음속에는 자꾸만 이런 음성이 들립니다.

"종수야! 나는 네가 돈 많이 벌어서 선교사들을 돕는 것보다 나와 함께 새벽마다 1시간씩 이야기하는 것이 더 좋다."

이 말씀에 많은 연봉을 포기하고 새벽예배를 선택하는 아름다운 믿음의 결단을 내립니다. 이것이 바로 사랑의 교제입니다.

이처럼 수억 원을 포기하고 하나님과 교제를 선택하는 사람은 있는가 하면 돈 몇 푼 때문에 주일 성수도 제대로 하지 못하는 사람들이 얼마나 많은지 모릅니다.

등산이 뭐가 그리 중요하다고 주일 예배도 드리지 않고 산에 올라가는가 하면, 친목계가 뭐 그리 중요하다고 친목계 때문에 주일을 빼먹습니까? 이 모두 사랑의 문제입니다. 돈보다 하나님과의 관계와 교제를 더 귀하게 여길 줄 아는 사랑의 관계를 맺으십시오.

사랑은 이해와 존경

사랑은 이해하고 나아가 존경하는 겁니다. 이해할 수 없고 존경할 수 없다면 사랑하지 못하기 때문입니다. 사랑하면 할 수 있습니다 그 사람을 이해하게 됩니다. 그리고 나아가 존경하게 됩니다. 사랑하기 때문에 존경하는 것입니다. 그래서 사랑이 없으면 아무것도 아니라고 말씀하신 것입니다.

사랑 표현하기

사랑은 오래 참는 것

사랑은 오래 참습니다. 오래 참음은 성령의 열매이기도 합니다. 성령은 곧 사랑의 영입니다. 왜 그렇습니까? 성령과 사랑은 통하기 때문입니다.

영화 '뷰티플 마인드'를 보셨습니까? 굉장히 머리가 좋은 한 교수가 정신 이상이 되고 말았습니다. 소련에서 하는 무전의 암호를 해독하는 능력이 있어서 아주 굉장한 첩보요원으로 뽑혔다는 착각을 합니다. 즉 자신을 국가에서 발탁된 비밀 요원으로 착각한 것입니다. 암호 해독을 한다면서 벽에 이상한 글씨들을 적어붙여놓습니다. 돌았습니다. 본인은 그게 중요하지만, 남이 볼 때는 분명 돌았습니다.

폭행을 하고 아기를 죽이려고 하니까 정신 병원에 가뒀습니다. 약을 먹고 전기충격을 가하니까 사람이 무능해지고 정력이 감퇴어 결국에는 남자의 구실까지 못하게 되었습니다. 이런 남자하고 살아야 되는 기가 막힌 운명의 여자가 왜 헤어질 생각을 하지 않았 겠습니까? 그런데 그 여자는 헤어지지 않고 참습니다. 그리고 한 남자를 위해서 희생합니다. 정신병으로 돌아버린 남편을 위해서 숭고한 한 여인의 숭고한 희생으로 인하여 결국 이 남편은 정신이 돌아오게 되고 다시 새로운 직장을 얻게 됩니다. 그리고 노벨상까 지 수상합니다. 노벨상 시상대에 오른 이 남자가 다음과 같은 수상 소감을 밝힙니다.

"내가 이런 상을 받게 된 것은 우리 아내 덕입니다."

그 아내의 마음이 바로 뷰티플 마인드 아닙니까?

예나 지금이나 남자들은 철이 없습니다. 물론 철든 남자도 있겠 지만 대부분의 남자들은 철이 없습니다. 하나님은 애당초 에덴동 산부터 남자 혼자는 안된다는 사실을 알아보시고 돕는 배필 즉 여 자를 보내주셨습니다. 그리고 여자를 일컬어 '돕는 배필' 이라고 했습니다.

죄 없는 아담도 혼자 안 될 때 죄인인 우리가 어찌 혼자되겠습니 까? 어림 반푼어치도 없는 소리입니다. 안 되는 건 안 되는 겁니 다. 여자가 도와주어야 됩니다.

남자가 형편없는 건 예전이나 지금이나 마찬가지인데 왜 가정문 제가 점점 더 많아집니까? 남자의 문제가 아니라 '돕는 배필' 에 이 상이 온 겁니다. 뷰티플 마인드가 아주 추한 마음으로 변해버렸기 때문입니다. 그래서 저는 많은 사람들에게 이 영화를 추천합니다.

아름다운 마음이 그 여인의 가정을 지키듯, 교회를 지키고 사회를 지키고 나라를 지켜나갑니다.

어떻게 매번 남편이 잘해주기만 하며, 어떻게 매번 남편이 능력이 많으며, 어떻게 매번 남편이 건강합니까? 반대로 아내들 역시 어떻게 매번 내조를 잘하기만 하며, 어떻게 매번 착하기만 하며, 어떻게 매번 남자의 말에 복종하고 순종합니까?

오랫동안 참는 겁니다. 소망이 보이지 않을지라도 참는 겁니다. 왜 그렇습니까? 사랑하기 때문입니다. 사랑하는 마음이 뷰티플 마인드, 아름다운 마음입니다.

사람은 인물로 사는 게 아닙니다. 인물은 불 끄면 보이지도 않습니다. 깜깜한데 인물이 무슨 상관입니까? 어차피 부부는 깜깜할 때 제일 많은 시간을 보냅니다. 깜깜한 8시간을 함께 보냅니다. 환할 때는 출근할 때 퇴근할 때 두 번 밖에 보지 못하고 나머지는 사정없이 깜깜할 때만 봅니다. 깜깜할 때 인물은 상관없습니다.

하지만 깜깜해도 여전히 나오는 것이 있습니다. 그것은 바로 성격입니다. 불을 꺼도 여전히 살아있는 것은 성질입니다. 그 성질을 지금 우리는 마인드라고 하는 것입니다.

지금 우리나라가 어려워지는 것은 여자들에게 있던 그 아름다운 마음이 상실되었기 때문입니다. 사랑이 없기 때문에 오래 참지 못하기 때문입니다.

인생은 꾹 참는 것입니다. 부부 생활 역시 꾹 참는 것입니다. 계속 참으십시오. 목회 역시 꾹 참는 겁니다. 물론 목회는 즐겁습니다. 하지만 항상 모든 사역이 즐겁지는 않습니다. 괴로움과 힘든 일도 있지만 꼭 참아내는 것입니다.

사랑은 온유한 것

사랑은 온유합니다. 온유하다는 말은 온순하고 유순하다, 따뜻하고 부드럽다는 뜻입니다. 온유함은 성령의 열매이기도 합니다. 성령의 열매 곧 사랑의 열매입니다.

뭔가를 강력하게 이뤄내는 지도자들에게 연약한 부분이 보통 온유입니다. 모세가 얼마나 대단했던 사람입니까? 40세까지는 성질을 이기지 못하고 수틀리면 사람까지 패죽였습니다. 그런 모세가 성령 받고는 얼마나 온유한 사람이 되었습니까?

이 사람 모세는 온유함이 지면의 모든 사람보다 승하더라
(민 12:3)

온유한 자는 복이 있나니 저희가 땅을 기업으로 받을 것임이요
(마 5:5)

온유하십시오. 이빨과 혀를 비교해 봅시다. 이빨은 강하고 혀는 부드럽습니다. 이빨 사이에 혀를 넣고 깨물면 혀가 잘려나갈 정도로 이빨은 강하고 혀는 부드럽습니다. 그런데 세월이 지나가보십시오. 이빨 빠진 사람은 있어도 혀 빠진 사람은 없지 않습니까?

이 세상은 강하고 능력 있는 사람이 주도하는 것 같아도 그렇지

않습니다. 강함으로 일관하는 사람은 얼마 지나지 않아 쓰러집니다. 부드러웁시다. 온유하십시다. 호랑이가 토끼를 다 잡아 먹고 사는 것 같지만, 그래서 토끼가 멸절될 것 같지만 정작 멸종 위기에 놓은 것은 호랑이입니다. 온유하십시오.

사랑은 투기하지 않는 것

투기하는 자가 되지 않습니다. 질투, 시샘, 강샘하지 않습니다. 왜 예수 믿는 사람들이 그렇게 시샘이 많은지 모르겠습니다. 시샘하지 말고 이해하십시오.

사랑은 자랑하지 않는 것

자랑하지 않습니다. 자랑은 남이 받아들이기 힘듭니다. 사도 바울의 변화를 보십시오. 처음 은혜 받기 전에는 그도 자랑 했던 적이 있습니다.

'나는 율법에 흠이 없다.'

'8일 만에 할례 받았다.'

'이스라엘 족속이다.'

하지만 은혜 받은 후에는 뭐라고 합니까?

'나는 십자가만 자랑하리라.'

'내가 굳이 자랑할진대 나의 약함을 자랑하리라.'

내 자랑은 남을 힘들게 합니다. 내가 자랑할 때 남이 얼마나 힘든지 아십니까? 그걸 안다면 자랑하지 마십시오. 자랑하지 않아도

다 압니다. 사랑은 자랑하지 않습니다. 사랑은 교만하지 않습니다.

자랑과 교만은 겸손과 온유가 붙어 다니듯 그렇게 쌍둥이처럼 붙어 다닙니다. 자랑은 강하게 자신의 우월함을 드러내고 교만은 강하게 타인을 무시합니다. 그래서 자랑하고 교만하면 남에게 상처를 입히게 됩니다.

베드로의 교만을 보십시오. 그가 은혜 받기 전에 뭐라고 합니까?

"다 버릴지라도 죽기까지 나는 주님을 따르겠습니다."

교만하지 않은 자는 보통 이렇게 말합니다.

"주님, 이분들도 다 주님을 따를 겁니다. 그렇지만 저도 죽기까지 주님을 따르겠습니다."

말 가운데 다른 사람들을 챙기십시오. 말 중에 남을 챙기시고 삶 속에 남을 챙기십시오.

사랑은 무례히 행치 않는 것

그릇된 방식으로 누군가를 다루는 것을 무례라고 합니다. 없을 무(無) 예도 례(禮), 예가 없는 것이 무례입니다. 사람은 예가 있어야 합니다. 부부간에도 예가 있어야 하고 성도간에도 예가 있어야 합니다.

예가 없는 것을 버릇없다고 합니다. 버릇없는 사람 속에는 깊은 믿음이 들어갈 수 없습니다. 특별히 말이나 행동에 있어서 예의가 없으면 안 됩니다. 자신의 고집이나 무례한 언행을 내 보이지 않고 타인의 생각과 의견 그리고 인격을 존중하고 그의 입장에서 이해하면서 친절과 온유를 베풀 수 있어야 합니다.

사랑은 자기의 유익을 구치 않는 것

받기보다 준다는 의미로 사랑은 자신의 유익보다 타인의 유익을 먼저 생각합니다. 사랑은 한마디로 남을 먼저 생각하는 것입니다.

사랑은 성내지 않는 것

내재해 있던 증오, 참고 참았던 분노가 탁 터져버리는 것이 성내는 것 아닙니까? 화가 상대방에게 얼마나 마음에 큰 상처와 아픔을 줍니까? 우리 아버지는 나를 강하게 키운다고 하시면서 울 때마다 혼을 냈습니다. 그런데 지금 생각해보니까 눈물이 나면 울어야 합니다. 교육이라고 하는 건 스파르타 교육만 있는 것이 아니라 온유한 사랑의 교육도 있습니다.

큰 소리치지 않아도 다 알아 듣습니다. 화내지 마십시오. 화는 상대편에게 너무나도 큰 아픔을 줍니다. 화낸다는 것은 정말 안 좋습니다. 성내는 것 자체가 남에게 엄청난 피해가 됩니다. 성냄은 사랑의 표현이 아닙니다.

사랑은 악한 것을 생각지 않는 것

본문말씀에서 생각한다는 것은 '기장한다' 즉 '적어둔다' 는 뜻입니다. 악한 생각을 새겨 놓고 계속 달고 가는 사람이 있습니다. 악으로 갚고자 다짐하는 사람이 되지 마십시오. 악을 새기지 말고 선으로 악을 이기십시오.

사랑은 불의를 기뻐하지 아니하는 것
불의를 인격화시키면 마귀입니다. '진리와 함께 기뻐하고' 진리를 인격화시키면 예수님입니다. 그러니까 마귀하고 기뻐하지 말고 예수님하고 기뻐하라는 말입니다.

사랑은 모든 것을 참는 것
"모든 것을 참으며"
중요하니까 참는다는 것이 다시 한번 더 반복됩니다.

사랑은 모든 것을 믿는 것
아브라함이 이삭을 바치는 시험을 이긴 것은 하나님을 믿었기 때문입니다.

그가 백세나 되어 자기 몸의 죽은 것 같음과 사라의 태의 죽은 것
같음을 알고도 믿음이 약하여지지 아니하고(롬 4:19)

저가 하나님이 능히 죽은 자 가운데서 다시 살리실 줄로 생각한지
라 비유컨대 죽은 자 가운데서 도로 받은 것이니라(히 11:19)

사랑은 모든 것을 바라는 것

잘 될 줄로 바라는 것이 바로 사랑입니다.

사랑은 모든 것을 견디는 것

저 역시 구절구절 말씀들이 많이 걸립니다. 그러나 사도 요한도, 모세도, 베드로도, 사도 바울도 처음부터 사랑의 사람은 아니었습니다. 예수 믿고 그리스도의 장성한 분량까지 자라갔을 뿐입니다. 우리 역시 사랑의 사람이기보다는 이런 사랑의 모습을 향해 달려가는 성도입니다.

사도 바울의 표현처럼 이전 것은 잊어버리고 푯대를 향하여 부르신 부름의 상을 바라보고 달려가듯 사랑의 사람이 되기 위해 한 발 한 발 나아가기를 바랍니다.

축복

하나님이 가라사대 우리의 형상을 따라 우리의 모양대로 우리가 사람을 만들고 그로 바다의 고기와 공중의 새와 육축과 온 땅과 땅에 기는 모든 것을 다스리게 하자 하시고 하나님이 자기 형상 곧 하나님의 형상대로 사람을 창조하시되 남자와 여자를 창조하시고 하나님이 그들에게 복을 주시며 그들에게 이르시되 생육하고 번성하여 땅에 충만하라, 땅을 정복하라, 바다의 고기와 공중의 새와 땅에 움직이는 모든 생물을 다스리라 하시니라 하나님이 가라사대 내가 온 지면의 씨 맺는 모든 채소와 씨 가진 열매 맺는 모든 나무를 너희에게 주노니 너희 식물이 되리라 또 땅의 모든 짐승과 공중의 모든 새와 생명이 있어 땅에 기는 모든 것에게는 내가 모든 푸른 풀을 식물로 주노라 하시니 그대로 되니라 하나님이 그 지으신 모든 것을 보시니 보시기에 심히 좋았더라 저녁이 되며 아침이 되니 이는 여섯째 날이니라(창 1:26—31)

하나님의 말씀은 창세기로부터 시작됩니다. 이 세상 우주 만물도 창세기부터 시작됩니다. 그렇게 창조된 세상의 주인공은 사람 곧 인간입니다. 하나님께서는 모든 우주 만물을 하나님 보시기에 좋도록 만드셨지만 축복은 유독 인간에게만 주셨습니다.

하나님은 해와 달을 만드신 후 보시기에 좋았다고 말씀하셨지만 그것들을 향해서는 축복하지 않았습니다. 하나님은 모든 날짐승을 만드신 후 보시기에 좋았다고 말씀하셨지만 그것들을 축복하지는 않았습니다. 하나님은 모든 물고기와 짐승을 만드신 후 보시기에 좋았다고 말씀하셨지만 그것들을 축복하지는 않았습니다. 하나님이 축복하신 것은 오직 인간뿐입니다. 이처럼 우리들은 태초부터 하나님의 축복을 받은 존재입니다.

하나님의 형상대로

내가 의식하지 못하고, 깨닫지 못하고, 하나님 뜻대로 살지 않아서 그렇지 하나님은 태초부터 나를 축복하셨습니다. 거기에서 우리의 인생이 출발해야 합니다.

> 하나님이 가라사대 우리의 형상을 따라 우리의 모양대로 우리가 사람을 만들고 그로 바다의 고기와 공중의 새와 육축과 온 땅과 땅에 기는 모든 것을 다스리게 하자 하시고(26절)

우리의 형상을 따라 우리가 사람을 만들고(Let us make man in our image), 사람을 만드시되 형상을 따라, 이미지(image)대로 만들었습니다. 즉 이미지는 '어떤 것' 의 모양이 카피된 것입니다. 그렇다면 이 때 어떤 것이 무엇입니까? 하나님의 모양입니다. 이것을 형상이라고 합니다.

우리는 하나님의 형상대로 카피된 존재입니다. 즉 우리는 독자적으로, 독창적으로 지어진 것이 아니라 하나님의 모양을 카피해서 나온 존재들입니다.

지·정·의

우리들은 하나님의 복제품입니다. 즉 인간 안에는 하나님의 형상이 카피되어 있습니다. 그 형상이 무엇입니까? 바로 '지·정·의' 인격입니다. 우리 마음속에는 지식이 있고, 감정이 있고, 의로움이 있습니다. 하나님에게는 지식이 있습니다, 그래서 압니다. 감정이 있습니다, 그래서 사랑합니다. 의로움이 있습니다. 그러한 하나님의 인격적 형상이 우리에게 있습니다.

우주 만물 중에 하나님의 인격적 형상을 가진 존재는 인간 밖에 없습니다. 하나님의 지정의 인격은 유독 인간에게만 카피되었습니다. 원숭이도 외모는 사람과 비슷합니다. 그렇다고 해서 원숭이에게 인격이 있습니까? 없습니다. 왜 그렇습니까? 그 속에는 하나님의 이미지 즉 하나님의 형상이 없기 때문입니다.

하나님의 지정의 인격은 이 우주 만물 가운데 유독 인간에게만 있습니다.

창조할 수 있는 능력

하나님의 형상 가운데 인간에게만 있는 또 한가지는 창조할 수 있는 능력입니다. 하나님은 창조하시고, 인간은 만듭니다. 창조하시는 하나님은 무(無)에서 유(有)를 만들어내시고, 하나님의 형상대로 지음 받은 인간은 유(有)에서 유(有)를 만들어냅니다. 영어로 표현하자면 하나님은 'create' 하시고 인간은 'make' 합니다. 인간은 계속 뭔가를 만들어냅니다. 하지만 인간이 만들어내는 것들은 무에서 유를 만드는 하나님의 창조와는 그 근본부터 다릅니다.

뭔가 만드시는 하나님의 형상처럼 우리들도 뭔가를 만들어냅니다. 이처럼 우리 안에는 창조의 능력이 있습니다.

의술과 과학이 얼마나 발달했는지 귀가 잘려 나간 사람에게 만들어진 귀를 이식수술을 할 수 있다고 합니다. 장기 이식이 가능해진 것은 이미 오래 전입니다. 이처럼 하나님은 인간에게 뭔가 창조할 수 있는 능력을 주셨습니다. 우리에게는 무한한 창조의 능력이 있습니다. 때문에 삶의 터전에서 무엇이든 만들어낼 수 있습니다.

영원한 영적 성품

하나님의 형상 가운데 인간에게는 영원한 영적 성품이 있습니다. 인간은 영원한 영적 존재입니다. 원숭이는 영원하지 않습니다. 원숭이는 죽으면 그것으로 모든 것이 끝납니다. 그러나 사람은 영원합니다. 물론 사람도 죽으면 육신은 그것으로 끝입니다. 하지만 그 영혼은 영원히 존재합니다. 인간은 영원한 하나님의 이미지를 가진 존재이기 때문에 죽어도 끝이 아닙니다.

즉 인간은 영원히 인간이고 원숭이는 영원히 원숭이라는 것입니다. 짐승은 죽으면 끝입니다. 짐승의 혼은 죽으면 끝나버리지만 인간의 영혼은 하나님 나라로 돌아가야 됩니다. 이렇게 인간은 하나님의 형상대로 지음을 받았습니다.

하나님의 모양대로

"우리의 모양대로(in our likeness)" 즉 우리의 모양은 하나님을 닮았습니다. 물론 하나님은 무형이십니다. 전능하신 분이고, 영이십니다. 하지만 인간의 어떤모습은 무형의 하나님과 닮았다는 것입니다. 성경은 분명하게 말씀하십니다.

> 평강의 하나님이 친히 너희로 온전히 거룩하게 하시고 또 너희 온
> 영과 혼과 몸이 우리 주 예수 그리스도 강림하실 때에 흠 없게 보
> 전되기를 원하노라(살전 5:23)

성부 성자 성령, 삼위일체 하나님의 모양이 우리와 닮은 것이 아닌가 합니다. 하나님은 이처럼 우리들을 당신의 형상대로 그리고 당신의 모양대로 만드셨습니다. 때문에 인간을 알면 지구를 알고, 지구를 알면 인간을 알게 됩니다. 하나님을 알면 사람을 알고, 사람을 알면 하나님을 알 수 있습니다.

우리 육체는 어디서 왔습니까? 흙에서 왔습니다. 더 신기한 것은 흙이 가지고 있는 성분을 면밀하게 연구하면 몸이 가지고 있는 성분과 똑같다고 합니다. 그래서 사람은 죽으면 공중에 날리는 것이 아니라, 물에 띄우는 것이 아니라, 흙에 묻는 것입니다.

지구를 알면 육체를 압니다. 육체를 알면 지구를 알 수 있습니다. 사람의 몸이 흙에서 와서 그런지는 알 수 없지만 흙과 붙어있을수록 편합니다. 날아다니면 얼마나 힘듭니까? 그것보다는 뛰어다니는 게 낫고, 뛰어다니는 것보다 걷는 게 낫고, 걷는 것보다 서있는 게 낫고, 서 있는 것보다 앉아있는 게 낫고, 앉는 것보다 눕는 게 낫고, 눕는 것보다 묻히는 것이 최고 편합니다. 인간은 흙에서 왔으며 육신은 흙과 가까울수록 편합니다. 그러나 내 영혼은 하늘나라로 돌아가야 합니다. 흙을 알면 육신을 알고 육신을 알면 흙을 알게 됩니다. 인간을 알면 하나님을 알고 하나님을 알면 인간을 알게 됩니다.

인간에게 주신 하나님의 축복

전능하신 하나님은 인간을 사랑하셨으며, 인간을 위해 죽으셨습니다. 하나님께서 인간 안에 내재할 수 있는 것은 그 많은 피조물 중 오직 인간에게만 하나님의 형상과 모양을 주셨기 때문입니다.

다스리라

하나님의 형상대로 지음 받은 인간, 하나님의 모양대로 지음 받은 인간에게 주신 하나님의 첫 번째 축복은 무엇입니까? '다스리라' 는 겁니다. 무엇을 다스리라고 하십니까?

> 그로 바다의 고기와 공중의 새와 육축과 온 땅과 땅에 기는 모든 것을 다스리게 하자(28절)

이 말씀이 얼마나 감사한지 모릅니다. 인간이 아무리 수영을 잘한다고 하더라도 물고기보다 빠르겠습니까? 하지만 세상 없는 고래도 사람에게는 꼼짝하지 못합니다.

미국 씨월드에서 고래가 쇼하는 것을 본 적이 있습니다. 집채만한 고래가 작은 여인의 지시대로 움직입니다. 물을 튀기라는 사인을 주면 꼬리로 물을 튀깁니다. 여인을 태워주는가 하면 엎어졌다가 뒤집어지기도 합니다. 뛰어넘으라고 하면 뛰어넘고 물속으로 들어가라고 하면 들어갑니다. 왜 그렇습니까? 이유는 오직 하나, 하나님이 주신 "다스리라"는 명령 때문입니다.

새도 마찬가지입니다. 심지어 독수리도 사람이 길들이면 온갖 심부름을 다 하지 않습니까? 내가 볼 때 독수리가 발톱으로 주인 한번 확 긁고 날아가면 그것으로 끝입니다. 그런들 인간이 어떻게 하겠습니까? 하지만 독수리도 사람에게는 꼼짝하지 못합니다. 땅에 기는 모든 것들도 다 길들이고 삽니다.

땅에 충만하라

하나님이 내려주신 두 번째 복은 '생육하고 번성하여 땅에 충만하라'는 것입니다. 신구약을 통틀어 역사하시는 하나님의 축복의 원리는 계속 늘어나는 것입니다. 가정도 재산도 자녀도 늘어나야 합니다. 하나님의 축복은 시대와 영향이 있습니다. 구약은 많아지는 번성함이 축복이었습니다.

지구에 사람이 많아져서 복잡하다고 합니다. 하지만 제가 볼 때

솔직히 인구가 많아서 복잡한 것이 아니라 쓸 데 없는 곳에 힘을 쓰기 때문에 복잡한 것입니다. 들은 바에 의하면 수류탄 하나 '펑!' 하고 터지는 것이 쌀 한 가마니 값에 준한다고 합니다. 그런데 세계는 오늘도 수없이 많은 수류탄을 터뜨리고 있습니다. 그러니 수없이 많은 쌀들이 터져나가고 있는 것과 마찬가지입니다.

로켓, 미사일 같은 거 하나만 덜 만들어도 인류는 훨씬 더 풍족해질 것입니다. 문제는 인간이 하나님의 창조 원리대로 살지 않는다는 것입니다. 하나님의 창조의 원리대로 살았다면 지구는 지금과 같지 않았습니다. 순전히 이기적으로 잘못 쓰기 때문에 지금 형편이 이러한 것입니다.

초대 교회 때 하나님의 역사가 일어난 가장 중요한 증거는 하루에도 3천 명씩 5천 명씩 믿는 자가 늘었다는 것입니다. 교회는 채워져야 합니다. 하나님이 역사하시는 교회는 부흥합니다.

가정을 채우십시오. 회사를 채우십시오, 교회도 날로날로 부흥해야 하고 사업도 하루가 다르게 번성해야 합니다. 이처럼 하나님의 창조의 축복의 원리는 늘어나는 것입니다.

> 자식은 여호와의 주신 기업이요 태의 열매는 그의 상급이로다 젊은 자의 자식은 장사의 수중의 화살 같으니 이것이 그 전통에 가득한 자는 복되도다 저희가 성문에서 그 원수와 말할 때에 수치를 당치 아니하리로다(시 127:3-5)

땅을 정복하라

세 번째 하나님께서 인간에게 주신 축복은 '땅을 정복하라'는 겁니다. 정복하라는 말씀 한마디가 얼마나 중요한지 세계를 다니면서 깨달았습니다. 하나님의 말씀, 하나님의 생각을 담은 책이 성경입니다. 불경은 석가모니의 사상이요, 사서삼경은 공자님의 사상입니다. 모두 훌륭하고 좋은 말들이 적혀 있습니다. 하지만 훌륭하고 좋은 것과 진리는 엄연히 다릅니다.

역사의 현실의 결과를 보십시오. 불경의 사상이 들어간 나라 치고 선진국이 있는지 아십니까? 없습니다. 어떤 분은 왜 우리나라에 서양 종교인 기독교가 들어와서 난리냐고 거부반응을 일으킵니다. 하지만 불교 역시 인도에서 건너 온 것이지 본디 우리의 것은 아니었습니다. 유교도 중국에서 건너 온 것입니다.

세계 모든 나라 가운데 선진국으로 30개를 꼽는다고 합니다. 그런데 그 가운데 28나라가 예수 믿는 나라입니다. 가정 역시 예수 믿는 가정이 선진 가정입니다. 예수 믿지 않고 선진국이 된 두 나라 가운데 하나가 일본입니다. 일본은 불교국가입니다. 그런 일본이 어떻게 선진국이 되었습니까? 놀라운 사실은, 그들은 예수님을 믿지는 않지만 살아가는 방식은 꼭 예수님을 믿는 사람 같습니다.

어떻게 사는 것이 예수 믿는 사람처럼 사는 것입니까? '근면'과 '정직'입니다. 또 예수 믿는 사람의 첫 번째 특징은 '부지런함'입니다. 그러니까 세계적으로 예수 믿는 나라가 잘사는 것입니다.

게다가 일본은 정직합니다. 때문에 일본은 예수를 믿지 않고 잘 삽니다. 하지만 일본의 서민들이 사는 것을 보면 우리나라 서민보다도 못한 것 같습니다. 일단 물가가 비쌉니다. 그래서 아무 것이나 쉽게 사먹을 수 없습니다. 일본 공항에서는 아무리 배가 고파도 차라리 참습니다. 우리나라는 식당에서 밥을 시키면 김치나 깍두기 정도는 서비스로 줍니다. 그런데 일본은 깍두기 두 개에 얼마, 김치 몇 조각에 얼마 이렇게 가격이 정해져 있습니다. 고기를 시켜도 우리는 풍성히 먹는 반면 일본 사람들은 두세 쪽 올려가면서 먹습니다.

역사의 흐름 가운데 일본이 흥한다면 써보지도 못하고 흥할 것이고, 일본이 망한다고 하더라도 써보지도 망할 것입니다. 반대로 한국이 흥한다면 써가면서 흥하고 망한다고 하더라도 실컷 써보고 망합니다.

"땅을 정복하라."

이 말씀을 통하여 영국에 들어갔습니다. 그래서 영국은 무력으로 세계를 정복하기 시작했습니다. 지구본을 보십시오. 우리나라는 땅덩어리가 작습니다. 영국국토 역시 우리나라에 비해서 그렇게 넓은 것은 아닙니다. 손톱이면 다 덮입니다. 그런 영국이 배를 타고 어디까지 갔습니까? 돌고 돌아서 오스트레일리아까지 갔습니다.

오스트레일리아는 땅덩어리가 얼마나 큰지 손바닥으로 덮어야 합니다. 알라스카를 뺀 미국 본토와 넓이가 거의 같습니다. 엄청나게 큰 나라입니다. 그런데 손톱만한 영국이 손바닥만한 오스트레일리아를 먹었습니다.

지금은 이런 것이 불가능하지만 얼마 전까지만 해도 그럴 수 있었습니다. 호주의 인구는 1800만 명 정도밖에 되지 않았습니다. 이런 땅이 엄청나게 발전을 했습니다. 호주가 지금은 영국에서 독립했지만 그래도 그 나라의 정신은 완전히 영국입니다. 정신적 독립까지는 이루어진 것이 아닙니다.

이 모든 것들은 딱 한마디 사상 "정복해라!"라는 명령 때문에 가능한 것입니다. 하지만 아무리 불경을 뒤져봐도 정복하라는 말은 없습니다. 사서삼경을 다 뒤져봐도 정복하라는 말은 없습니다. 이것이 그들과 우리의 차이입니다. 물론 석가모니의 가르침이나 공자 선생님의 가르침도 훌륭합니다. 그런데 석가모니 선생님이 우리에게 준 가르침은 살생하지 말라는 겁니다. 윤회설입니다. 그러니까 모기가 물어도 잡으면 안 되고 쫓아내야 합니다. 하지만 하나님은 다릅니다. 정복하라고 하십니다.

정복하라는 하나님의 명령 때문에 영국과 미국은 해군이 발달했습니다. 육지에서는 저항이 강하기 때문에 정복하는 데 힘듭니다. 가다가 다 죽을 지경입니다. 육지로 가면 천 명의 군사가 갈지라도 가는 길에 거반 죽을 판입니다. 하지만 바다로 가면 싸울 일이 없습니다. 해적만 이기면 됩니다. 그러니까 해군이 발달한 것입니다.

이것도 우리나라와의 차이점입니다. 우리나라는 육군이 발달했습니다. 그런데 그나마 삼팔선이 가로막고 있으니까 싸우러 갈 곳이 없습니다. 그러니까 50년 동안 우리끼리만 계속 싸우는 겁니다. 그것이 지방색으로 드러 나고 있습니다. 손톱만한 땅덩어리 안에서 너무 싸웁니다. 우리는 너무 안으로만 집중했습니다. 그것을 정치로 이용하고 그것을 자기의 정권을 창출하는 데 이용했습니다. 왜 그렇습니까? 지도자의 시야가 좁기 때문입니다. 이런 엄청난 원리를 근시안적으로 이용하지 말고, 대범하게 원시안적으로 이용하십시다. 지금도 늦지 않습니다.

이제는 전쟁으로 세계를 정복하는 시대는 아닙니다. 물론 그렇다고 전쟁이 일어나지 않는다는 말은 아닙니다. 전쟁 준비를 하지 않아도 된다는 말도 아닙니다. 왜 미국이 세계의 눈총을 받으면서도 그렇게 끈질기게 MMB(Mass Media Bureau, 미국 연방통신위원회의 3대 부서 중 하나로 방송, 케이블, 텔레비전 등의 전송 시스템을 감독하는 부서) 구축을 하려고 노력합니까? 힘이 없는 나라는 존재할 수 없음을 일찍부터 알았기 때문입니다. 아직도 세계는 힘의 논리가 통합니다. 그렇다고 해서 쉽게 전쟁할 수 있는 세상도 아닙니다.

지금은 뭐로 정복합니까? 인터넷입니다. 인터넷은 스피드입니다. 스피드는 '빨리 빨리' 아닙니까? 한국의 '빨리 빨리' 는 세계가 인정합니다. 이 '빨리 빨리' 와 '성실' 과 '근면' 의 자세와 '정직' 이 결합되고 벤처 기업을 통한 끊임없는 기술 개발이 맞아 떨어진다면 한국은 세계를 위협하는 나라가 될 겁니다.

미국의 경제학자 제프리 존스라는 사람은 「나는 한국이 두렵다」(중앙 M&B 펴냄)라는 책을 썼습니다. 제목이 흥미로워서 사서 읽어봤습니다. 확률은 희박하지만 어느 정도 일리는 있는 말입니다.

그는 한국의 속성에, 빠른 인터넷에, 한국인의 기질에, 정직하고 부지런함이 합해진다면 세계와 미국이 상당히 견제해야 할 나라가 될 것이기에 한국이 두렵다고 말하고 있습니다. 듣기 좋으라고 쓴 이야기인 것 같기도 하지만 어느 정도 일리가 있습니다.

땅으로 못한 세계정복, 돈으로 못한 세계정복, 힘으로 못한 세계이지만 우리나라도 얼마든지 할 수 있습니다. 그 가운데 가장 큰 힘은 복음입니다. 한국의 복음의 열정과 인터넷이 결합되면 세계복음화는 반드시 이루어집니다.

그런데 솔직히 한 가지 큰 아쉬움이 있습니다. 점령하는 것은 그다지 큰 문제가 아닌데 말이 안 통합니다. 앞으로 세계를 정복하려면 복음의 열정과 하나님의 능력, 이 모든 것을 갖추되 거기에 더하여 언어가 소통되어야 합니다. 그래서 후배 목회자들은 영어도 중국어도 유창했으면 하는 바람이 있습니다.

모세는 언어에 능통했습니다. 사도 바울도 언어에 능통했습니다. 하나님께 쓰임받는 자가 되기 위해서는 능력도 중요하고 건강도 중요하지만 언어 역시 간과할 수 없는 중요한 능력입니다. 베드로는 하루에 3천 명씩 5천 명씩 회개 시켰지만 그 주변 사람들에 머물렀습니다. 하지만 사도 바울은 전 세계 사람들을 회개를 시키지 않았습니까? 어떻게 이것이 가능합니까? 그는 어학에 능통했기 때문입니다. 실력과 영성을 겸비함으로 하나님의 축복을 누리고 누리는 자들이 되기를 바랍니다.

문화

너희는 세상의 소금이니 소금이 만일 그 맛을 잃으면 무엇으로 짜게 하리요 후에는 아무 쓸데없어 다만 밖에 버리워 사람에게 밟힐 뿐이니라 너희는 세상의 빛이라 산 위에 있는 동네가 숨기우지 못할 것이요 사람이 등불을 켜서 말 아래 두지 아니하고 등경 위에 두나니 이러므로 집 안 모든 사람에게 비취느니라 이같이 너희 빛을 사람 앞에 비취게 하여 저희로 너희 착한 행실을 보고 하늘에 계신 너희 아버지께 영광을 돌리게 하라(마 5:13-16)

사실 기독교는 종교가 아닙니다. 종교라는 두 단어로는 다 담을 수 없습니다. 다만 세상 사람들이 기독교도 하나의 종교라고 보는 것뿐입니다. 그러나 일반적 개념에서의 종교라는 명칭으로 기독교에 대하여 설명하고자 합니다.

사람들이 종교를 어떻게 생각하든, 필요 있다고 생각하든 필요 없다고 생각하든, 생명과 같이 중요하다고 생각하든 그렇지 않든,

아편이라고 생각하든 그렇지 않든 상관없이 인류의 역사는 종교와 더불어 시작했습니다.

태초에 하나님이 천지를 창조하시니라(창 1:1)

이 짧은 말씀을 통하여 우리들은 많은 것들을 깨닫게 됩니다. 하나님은 영원부터 영원까지 존재하시는 전능하시는 분이라는 사실, 하나님께서 천지를 창조하셨다는 사실, 인간도 결국은 하나님의 피조물이기에 우리는 하나님을 의지하고 살 수밖에 없는 존재라는 사실… 하나님이 창조한 피조물들을 자세히 살펴보면 재미있는 점들을 발견하게 됩니다. 우선 모든 피조물들은 머리를 향한 곳을 잘 만나야 합니다. 이것이 하나님의 창조의 비밀입니다.

곡식은 머리를 땅으로 숙이지 않습니까? 그러니까 곡식은 땅을 잘 만나야 합니다. 옥토를 만나면 곡식이 잘 자라나지만 박토를 만나면 좋은 열매를 맺기 힘들어집니다.

머리가 옆으로 향해있는 동물들은 주인을 잘 만나야 합니다. 보십시오. 똑같은 개로 태어나지만 서양의 개들은 주인 잘 만나서 호강합니다. 주인은 3만 원짜리 파마하면서 개는 5만 원짜리 파마를 해주는가 하면 자기 쓰는 향수도 개에게 뿌려주고 자기는 침대에서 자고 개는 카펫에서 재웁니다. 심지어 개가 죽으면 추도 예배도 드리고 심지어 개에게 재산 상속까지 해주는 사람도 있답니다.

하지만 똑같은 개일지라도 주인을 잘못 만나면 보신탕감으로 전락하고 맙니다. 주인을 위해서 기꺼이 자기 몸을 불태워서 헌신해야 됩니다. 이처럼 머리가 옆으로 향하여 있는 동물들은 주인을 잘 만나야 합니다.

그렇다면 사람의 머리는 어디를 향하여 있습니까? 하늘을 향해 있습니다. 그러니까 하나님을 잘 만나야 합니다. 하나님을 제대로 만나면 구원받고 하나님의 자녀로서 잘 살 수 있지만 하나님을 만나지 못하면 평생 우상만 섬기다가 결국 잘못되는 삶으로 인생을 마감해야 합니다.

세상 사람들은 이 세상에 4대 종교가 있다고 생각합니다. 즉 기독교, 불교, 유교, 마호메트교 이 네 개의 종교가 모두 똑같이 중요하다고 생각합니다.

언뜻 보면 공통점도 있습니다. 종교마다 교주가 있고 창시자가 있고 경전이 있고 성전이 있고 신도도 있습니다. 불교로 보자면 창시자 석가모니가 있고 불경이 있고 절이 있고 불자들이 있습니다.

유교의 경우에는 창시자로 공자님이 있고 사서삼경이 있고 그들이 섬기는 나름의 예배가 있고 추종자가 있습니다. 회교의 교주는 마호메트이고 코란이 있고 사원이 있고 신도들이 있습니다. 그런 맥락에서 보자면 기독교 역시 창시자인 예수님이 계시고 성경이 있고 교회가 있고 성도들이 있습니다.

모두가 비슷하니까 그것이 그것 같아 보이지만 우리가 알아야할 것이 있습니다. 비슷한 것과 똑같은 것은 엄청나게 다르다는 것입니다. 비슷하다고 해서 결코 같은 것은 아닙니다. 그러니까 비슷하다고 해서 아무 것이나 믿으면 안 됩니다.

고등종교라면 저마다 경전이 있습니다. 그나마 경전조차 없으면 종교 축에도 끼지 못하는 미신입니다. 왜냐하면 경전 즉 지침서가 없으면 인간이 어떻게 살아야 될지 알 수 없고, 윤리와 도덕이 없어지며, 역사성이 전혀 없고, 결국은 자기 하고 싶은 대로 되어버리고 말기 때문입니다. 무속에 경전이 있습니까? 무속에 윤리가 있습니까? 무속에 역사성이 있습니까? 단지 귀신 하나 섬길 뿐입니다. 때문에 수준이 낮습니다.

무속이 성행하는 나라는 잘 되지 않습니다. 역사적으로 보더라도 잘 되지 않습니다. 무지한 나라일수록 무속이 성행합니다. 그것은 세계 역사가 입증합니다.

경전은 그 종교의 문화를 만들어냅니다. 그래서 불교의 경전이 만들어내는 문화를 불교문화라고 하고, 유교의 경전이 만들어내는 문화를 유교문화라고 하고, 기독교의 경전인 성경이 만든 문화를 성경문화라고 합니다.

문화는 글월 문(文)과 될 화(化)가 합하여져서 만들어진 단어입니다. 문화(culture)의 사전적 의미는 '인지가 깨고 세상이 열리어 밝게 되는 것' 입니다. 철학적 개념으로 보면 인간이 자연 상태에서 벗어나 일정한 목적 또는 생활 이상을 실현하려는 활동의 과정 및 그 과정에서 이룩해낸 물질적, 정신적 소득의 총칭이 바로 문화입니다. 특히 학문이나 예술, 종교, 도덕 등의 정신적 소득을 가리켜서 문화라고 합니다.

성경적 의미에서는 자연과 대립되는 말로 인간의 활동을 통하여 자연을 적극적으로 형성 개발하고 순화시키는 것과 그 성과를 문화라고 합니다.

그 문화를 보면 그 종교의 수준과 그 종교의 진위를 알 수 있습니다. 기독교에서는 우리의 문화를 성경문화라고 하고 그 외의 문화는 세상문화라고 합니다. 그런데 이 두 문화는 근본적 으로 분명하게 다른 차이점이 있습니다.

성경에서 흐르는 아주 중요한 정신문화는 다음과 같습니다.

육신보다는 영혼

첫 번째로 보이는 육신보다 보이지 않는 영혼을 더 중요하게 강조하는 것이 성경문화입니다. 그러한 정신으로 살아가는 것이 성경문화입니다. 사람에게는 보이는 육신과 그 안에 보이지 않는 영혼이 있습니다.

수고와 슬픔뿐이요 신속히 가니 우리가 날아가나이다(시 90:10)

세월이 빨리 흐른다는 데에는 단 한사람도 이견이 없습니다. 또 사람들은 모두 이 세상이 허무하다고 합니다. 그렇게 우리의 인생은 금방 지나가버리고 맙니다. 하지만 육신의 장막을 벗으면 우리의 영혼은 하늘나라에서 편안히 사는 겁니다.

이것을 가르쳐주는 말씀이 바로 누가복음 16장의 부자와 나사로의 이야기입니다. 부자는 돈이 많으니까 매일 잔치하며 살았습니다. 거지 나사로는 가난하니까 얻어먹고 살았습니다. 하지만 부자라고 해서 죽지 않는 것이 아니고 거지라고 해서 빨리 죽는 것도 아닙니다. 결국 인간은 늙거나 때가 되면 죽기 마련입니다.

죽으면 끝인 줄 알았습니다. 그런데 부자는 음부에 떨어졌고, 나사로는 천국에 들어갔습니다. 그래서 이 땅에서 부자로 살던 자는 한 방울의 물로 내 혀를 서늘하게 해달라고 할 정도로 말할 수 없는 고통의 나날들을 보내는가 하면, 이 땅에서의 거지는 말할 수 없는 영광 속에서 즐거움을 누리며 살아가지 않습니까?

음부에 떨어진 부자가 나사로에게 간청합니다. 세상에 다섯 형제가 아직 살아있으니 저들이라도 예수 믿고 자기가 있는 이 음부에 오지 않게 해달라고 간곡하게 부탁합니다.

이 세상육신의 삶이 끝난다고 해서 영혼의 삶도 끝나는 것은 아닙니다. 이것이 세상문화와 기독교문화가 다른 점입니다. 세상문화에서는 죽으면 끝이라고 생각합니다. 하지만 우리들은 죽으면 끝이 아니라 저 하늘나라가 있음을 믿습니다.

먼저 가는가 나중 가는가 하는 차이는 있을지 몰라도 언젠가 우리들도 육신의 장막을 벗고 이 세상을 떠나 영원한 천국에서 살 날이 올 것입니다. 때문에 믿음의 사람은 이 세상을 위해서 살지 않고 저 하늘을 위해서 살아갑니다.

> 믿음으로 모세는 장성하여 바로의 공주의 아들이라 칭함을 거절하고 도리어 하나님의 백성과 함께 고난 받기를 잠시 죄악의 낙을 누리는 것보다 더 좋아하고 그리스도를 위하여 받는 능욕을 애굽의 모든 보화보다 더 큰 재물로 여겼으니 이는 상주심을 바라봄이라(히 11:24~26)

> 너희는 마음에 근심하지 말라 하나님을 믿으니 또 나를 믿으라 내 아버지 집에 거할 곳이 많도다(요 14:1~2)

> 내가 세상에 속하지 아니함같이 저희도 세상에 속하지 아니하였삽나이다(요 17:16)

예수께서 대답하시되 내 나라는 이 세상에 속한 것이 아니라 만일
내 나라가 이 세상에 속한 것이었더면 내 종들이 싸워 나로 유대
인들에게 넘기우지 않게 하였으리라 이제 내 나라는 여기에 속한
것이 아니니라(요 18:36)

오직 우리의 시민권은 하늘에 있는지라 거기로서 구원하는 자 곧
주 예수 그리스도를 기다리노니(빌 3:20)

집회를 인도하기 위해 미국에 가게 되면 공항에 내리자마자 줄
이 둘로 나뉩니다. 모두가 비행기를 타고 온 사람들인데 한쪽 줄에
는 내국인이 서있고 다른 쪽 줄에는 외국인이 서있습니다. 내국인
들은 아주 간단한 입국 절차를 마치고 밖으로 나갑니다. 하지만 외
국인은 얼마나 복잡한지 모릅니다.

"왜 왔습니까?"

"얼마나 계실 겁니까?"

"그 짐에 뭐가 들었습니까?"

"돈을 얼마나 가지고 왔습니까?"

그럴 때면 영주권, 미국의 시민권이 무엇이기에 이런가 하는 생
각까지 듭니다. 미국에서 한국의 주민등록증은 아예 쳐주지도 않
습니다. 믿는 자들은 미국시민권과는 비교조차 되지 않는 하늘나

라 시민권을 가지고 이 땅을 살아갑니다.

하늘나라 시민권을 소유하셨습니까?

우리나라 말이 얼마나 수준이 높은지 모릅니다. 그중에서 가장 의미심장한 말은 '돌아가셨다' 는 겁니다. 온 데로 다시 돌아가셨다는 것입니다. 죽음을 그렇게 수준 있게 표현하는 나라는 우리나라뿐이지 않겠나 싶습니다.

세상문화는 철저하게 땅 중심의 삶입니다. 하지만 성경문화는 우리 몸은 땅에서 살아가지만 우리의 참 소속은 하늘의 시민권자입니다.

섬김 받기보다 섬기기

세 번째로 섬김을 받는 것보다 섬기는 것을 더 중요하다는 것이 성경문화입니다.

> 너희 중에는 그렇지 아니하니 너희 중에 누구든지 크고자 하는 자는 너희를 섬기는 자가 되고 너희 중에 누구든지 으뜸이 되고자 하는 자는 너희 종이 되어야 하리라 인자가 온 것은 섬김을 받으려 함이 아니라 도리어 섬기려 하고 자기 목숨을 많은 사람의 대속물로 주려 함이니라 (마 20:26~28)

하늘 임금님이신 예수님께서 이 땅에 오셨습니다. 그때 만일 주님께서 이렇게 했다고 생각해 보십시오.

"마차 대령해라! 나를 안내하라! 먹을 것도 가지고 와라! 하늘 임금이 이런 거 먹게 생겼냐? 좋은 것 좀 가져와라! 폼 나는 옷 좀 지어봐라!"

예수님이 이 땅에서 그렇게 사시다가, 돌아가실 때 '이 다음에 내가 재림하마'라고 하신다면 어느 누가 재림을 기다리겠습니까? 우리 위에 굴림하고 우리를 억압하고 우리를 지배했다면 누가 예수님을 기다리겠습니까? 우리가 주님을 기다리는 것은 주님이 이 땅에서 우리를 섬겨주셨고, 우리를 용서해 주셨고, 우리를 고쳐주셨고, 우리를 구원해주셨기 때문입니다.

주님은 이 땅에 오셔서 제자들의 발을 씻기심으로 섬김의 본을 보이셨습니다. 그리고 이렇게 말씀하십니다.

"너희도 나가서 그렇게 하라!"

우리들은 섬김의 주님을 기다립니다. 우리가 세상에 심어두어야 할 문화가 있다면 역시 섬김의 문화입니다.

이기적이기라보다는 이타적

네 번째로 이기적이라기보다 이타적인 것이 성경문화입니다. 세상은 철저히 자기를 위한 문화이며 모든 것이 자기중심적입니다.

나를 위해 살고 나를 위해 배우고 나를 위해 노력하고 나를 위해서 돈을 법니다. 이것이 세상문화입니다. 그러나 성경은 다릅니다. 철저히 남을 위해 살고 남을 위해 배우고 남을 위해 노력합니다.

요한복음 6장에 오병이어의 기적이 나오지 않습니까? 수만 명이 모였는데 먹을 게 없습니다. 한 어린아이가 가지고 있던 떡 다섯 개와 물고기 두 마리를 내놓습니다. 주님이 그것 위에 축사하고 나눌 때 수많은 사람들이 함께 먹었습니다.

이것이 세상문화와 성경문화의 크나큰 다른 점입니다. 세상문화는 5천 명 먹을 수 있는 것을 자기 혼자 독식합니다. 하지만 성경문화는 한 사람이 가진 것을 나누어서 5천 명이 함께 먹습니다.

세상문화를 적나라하게 드러내는 속담이 있습니다.

'배워서 남 주냐?'

'누구 좋은 일 시키자고 일하냐?'

'사돈이 논을 사면 배가 아프다.'

이런 것들은 전형적인 세상의 속담입니다. 이것을 기독교 속담으로 바꾸면 이래야 합니다.

'배워서 남 주자.'

아니 더 적극적으로 바꾸면 이렇습니다.

'남 주려고 배우자.'

'다른 사람을 좋게 하기 위해서 일하자.'

'사돈이 논을 사니까 마음이 더없이 좋다.'

사실 사돈도 잘 살아야 마음이 편하지 못살면 얼마나 부담이 되는지 모릅니다. 그러니까 사돈도 잘 살아야 합니다. 사돈이 논을 사면 배가 편안해야지 왜 배가 아픕니까?

한 알 그대로보다는 죽어서 많은 열매를

다섯 번째로 한 알로 그냥 있는 것이 아니라 죽어서 많은 열매를 맺는 것이 성경문화입니다.

> 내가 진실로 진실로 너희에게 이르노니 한 알의 밀이 땅에 떨어져
> 죽지 아니하면 한 알 그대로 있고 죽으면 많은 열매를 맺느니라
> (요 12:24)

> 너희는 세상의 소금이니 소금이 만일 그 맛을 잃으면 무엇으로 짜
> 게 하리요 후에는 아무 쓸데없어 다만 밖에 버리워 사람에게 밟힐
> 뿐이니라 너희는 세상의 빛이라 산 위에 있는 동네가 숨기우지 못
> 할 것이요 사람이 등불을 켜서 말 아래 두지 아니하고 등경 위에
> 두나니 이러므로 집 안 모든 사람에게 비취느니라 (마 5:13-15)

주님은 우리에게 세상의 소금이고 세상의 빛이라고 말씀하셨습

니다. 그런데 많은 그리스도인들은 세상의 소금과 빛이 아니라 교회의 소금과 빛이 되려고 합니다.

소금의 사명이 무엇입니까? 맛을 내고 부패를 방지하는 것입니다. 어렸을 때에는 모든 음식의 맛은 설탕이 좌우하는 줄 알았습니다. 달달하고 맛난 설탕만 넣으면 음식이 맛있어지는 줄로만 알았습니다. 그때는 맹물에 설탕만 두 숟갈 넣고 휘휘 저은 설탕물이 얼마나 맛있었는지 모릅니다. 그나마 잘 사는 집은 설탕을 넣어서 먹지만 그럴 형편이 되지 못하는 집은 당원을 타서 먹었습니다. 물 한 바가지 떠다가 얼음 한 덩이 집어넣고 당원 풀어서 휘휘 저어 마시면 얼마나 맛있는지, 배꼽이 저릴 때까지 꼴깍 꼴깍 마셨습니다.

그런데 철이 들어서 생각해 보니까 음식의 맛을 좌우하는 것은 설탕이 아니라 소금입니다. 설탕은 넣지 않아도 괜찮지만 소금은 반드시 넣어야만 합니다. 그래서 하나님께서는 우리에게 세상의 설탕이라고 하지 않고 세상의 소금이라고 하신 것입니다.

소금은 썩는 것을 방지합니다. 냉장고가 없었을 때 생선을 사서 지붕 위에 말릴 때 보면 허옇게 소금을 뿌려놓습니다. 그렇게 하지 않으면 생선이 썩기 때문입니다. 그리고 먹을 때 소금을 탈탈 털어서 먹었습니다. 이처럼 소금은 썩는 것을 방지하고 음식의 맛을 냅니다. 그런데 소금이 맛을 내기 위해서는 무엇보다 먼저 자기 몸을 녹여야 합니다. 소금이 없고 빛이 없다면 도저히 누구도 살 수 없고 존재할 수 없는 땅덩어리가 되고 말 것입니다. 바로 그와 같은 존재가 크리스천이 되어야 합니다.

빛과 소금이 없는 세상은 상상할 수조차 없듯 이 세상에 크리스천이 없고 크리스천문화가 없는 것은 상상할 수 없는 존재가 되어야 됩니다. 그런데 과연 지금 이 세상을 살아가는 크리스천의 존재가 그와 같으며 크리스천문화가 그와 같습니까? 이것이 우리가 맛을 잃었다는 증거입니다. 이것이 우리가 풀어야 할 숙제이고 이것이 우리가 본질을 찾아야 할 중요한 사건입니다.

다른 목사님들에 비해서 저는 그래도 믿지 않는 친구들이 많습니다. 예수님을 잘 믿는다고 하는 사람들을 보면 믿음이 좋을수록 세상 친구가 없습니다. 믿음 안에서만 생활하기 때문에 세상 사람과 접촉할 시간이 없습니다. 또 세상 사람과 몇 번 만나보면 믿음의 손해를 입는 것 같아 한두 번 만나다가 저절로 멀어지게 됩니다.

그런데 이 대목에서 다시 생각해 봅시다. 내가 세상 사람을 만나 믿음의 손해를 입었다면 그 세상 사람은 나를 만나 믿음의 유익을 얻었다는 말 아닙니까? 나는 믿음의 손해를 보고 그는 믿음의 유익을 얻고, 이와 같이 크리스천 때문에 세상 사람들이 많은 믿음의 유익을 볼 때 결국 그가 구원을 받지 않겠습니까? 이 말을 반대로 생각하면 내가 믿음의 손해를 많이 보고 있을 때 그는 결국 구원을 받게 된다는 것입니다.

본문의 의미가 무엇입니까? 크리스천이 세상에서 손해를 보고 크리스천이 세상에서 희생할 때 그래서 빛이 되고 소금이 되어질 때 세상이 좋아지고 세상이 구원을 받게 된다는 것입니다. 그렇다면 오늘을 살아가는 크리스천들의 문제가 무엇입니까? 세상을 향해 희생하려고 하지 않는 것입니다. 자기 몸을 녹아내리려고 하지는 않고 그저 유익만 얻으려고 하는 것입니다.

세상 사람들과 교제하여 믿음의 손상을 입는다고 어울리지 않는다면 그 영혼들은 누가 구원합니까? 그들을 구원하기 위해서 세상 사람들과 교제하라는 말이지 그들 속에 빠지라는 의미는 아닙니다. 크리스천은 비록 세상에 몸을 담고 살아가지만 언젠가는 하늘나라를 향하여 갈 사람들임을 믿으십시오. 그 때에 조심해야 할 것이 있는데 세상에 빠지면 안 된다는 겁니다.

우리는 세상을 구원해야 될 사람이지 세상에 빠져도 되는 사람은 아닙니다. 내가 그를 구원하기 위하여 세상친구를 두라는 말이지 세상친구와 어울려 빠지라고 세상친구를 두라는 것은 아닙니다.

오늘 여러분의 작은 희생이, 오늘 여러분의 작은 믿음의 손실이 믿지 않는 자들을 구원합니다. 다소 표현이 이상하지만 세상에서 많은 믿음의 손해를 보십시오. 여러분이 믿음의 손해를 많이 볼수록 그들은 많은 믿음의 유익을 얻기 때문입니다.

나눔 보다는 합함

여섯 번째로 나뉘는 문화가 아니라 합하는 문화가 성경문화입니다.

> 아버지여 내게 주신 아버지의 이름으로 저희를 보전하사 우리와
>
> 같이 저희도 하나가 되게 하옵소서(요 17:11)

> 아버지께서 내 안에, 내가 아버지 안에 있는 것 같이 저희도 다 하
>
> 나가 되어 우리 안에 있게 하옵소서(요 17:21)

그래서 성경문화가 들어가는 곳에는 합하는 역사가 일어나고, 세상문화가 들어가는 곳에는 나뉘는 역사가 일어납니다. 남북한이 나뉜 것도 세상문화이고 부부가 나뉘는 것도 세상문화입니다.

반대로 남북한이 합해지는 것이 성경문화이고 나뉘었던 부부도 합하는 것이 성경문화입니다. 인간관계 속에서 합하십시오. 우리가 어디에 있든지 합하는 역사가 이루어지기를 바랍니다.

원수보다는 용서

일곱 번째로 원수 맺는 것이 아니라 용서하는 문화가 성경문화입니다.

우리가 우리에게 죄 지은 자를 사하여 준 것같이 우리 죄를 사하여 주옵소서(마 6:12)

너희가 뉘 죄든지 사하면 사하여질 것이요 뉘 죄든지 그대로 두면 그대로 있으리라 하시니라(요 20:23)

크리스천문화가 세상문화와 다른 것은 '그럴지라도' 용서하는 것입니다. 이것이 결코 쉬운 일은 아닙니다. 하지만 그렇기 때문에 크리스천문화인 것입니다. 어렵기 때문에 그것이 성경문화입니다. 그래도 용서해야 합니다. 나라 간에도 동족 간에도 개인 간에도 우리의 삶 속에서도 무조건 용서해야 합니다. 만일 지금도 원수를 맺은 사람이 있다면, 내 마음에 응어리진 사람이 있다면 그럴지라도 용서하고 이해하십시오. 이것이 성경문화입니다.

지금 여러분의 삶 속에는 성경문화가 꽃피우고 있습니까?

지금 여러분의 삶은 빛과 소금의 문화가 형성되고 있습니까?

빛이 밝지 않고 소금이 짜지 않다면 그것은 아무 것도 아니라고 성경은 말씀하십니다. 만일 그렇게 맛을 잃은 소금이 된다면 사람들의 발에 밟혀질 뿐이라고 경고하십니다.

잊지 마십시오. 여러분들은 교회의 빛과 소금이 아니라 세상의 빛과 소금입니다.

믿음

믿음이 없이는 기쁘시게 못 하나니 하나님께 나아가는 자는 반드시 그가 계신 것과 또한 그가 자기를 찾는 자들에게 상 주시는 이심을 믿어야 할지니라(히 11:6)

언어로 말하는가 삶으로 말하는가?

힘이 없으면 아무리 힘을 내려고 해도 힘이 나지 않습니다. 사람들은 힘이 나지 않는 것을 문제 삼습니다. 하지만 사실 엄밀하게 말하자면 힘이 없는 것을 문제 삼아야 합니다. 힘이 안 나는 것은 현상이고 힘이 없는 것은 본질이기 때문에 그렇습니다.

인간이 왜 눈을 감고 죽는 줄 아십니까? 눈을 뜰 힘이 없기 때문입니다. 인간이 왜 눈을 뜨고 죽는 줄 아십니까? 눈을 감을 힘이 없기 때문입니다. 목사이다 보니 임종예배를 많이 드립니다. 생명이 떠나갈 때 모습을 보면 내가 보기에도 눈 뜰 힘조차 없습니다. 눈

뜨고 감을 수 있는 힘이 있음을 감사하십시오. 참 감사한 일입니다. 마찬가지입니다. 믿음 역시 아무리 노력해도 믿어지지 않습니다. 하지만 믿음이 있으면 아무리 안 믿으려고 해도 믿어집니다. 이처럼 힘과 믿음은 이론이 아니라 삶입니다.

하나님의 나라는 말에 있지 아니하고 오직 능력에 있음이라
(고전 4:20)

하나님의 나라는 현상에 있는 것이 아니라 본질 속에 있습니다. 그래서 하나님은 말로 하지 아니하시고 오직 능력으로 말씀하심을 알 수 있습니다.

침례 요한이 어떤 사람입니까? 예수님을 바라보면서 이렇게 말했던 사람입니다.

나는 그의 신들메 풀기도 감당치 못하겠노라(요 1:27)

보라 세상 죄를 지고 가는 하나님의 어린 양이로다(요 1:29)

그는 흥하여야 하겠고 나는 쇠하여야 하리라(요 3:30)

(구약에) 오리라 한 엘리야가 곧 이 사람이니라(마 11:14)

침례 요한이 복음을 전하다가 감옥에 갇혔습니다. 그런데 주님께서 한번도 오시지 않습니다. 오셔서 위로해주지 않았습니다. 그러니까 요한이 마치 시험이라도 든 듯 예수님께 가서 이렇게 이르라고 합니다.

저희가 예수께 나아가 가로되 세례 요한이 우리를 보내어 당신께 말하기를 오실 그이가 당신이오니이까 우리가 다른이를 기다리오리이까 하더이다 하니(눅 7:20)

이런 질문에 예수님은 '내가 그다.' '내가 곧 그다.' 이렇게 대답하면 간단합니다. 하지만 그렇게 말씀하시지 않습니다.

대답하여 가라사대 너희가 가서 보고 들은 것을 요한에게 고하되 소경이 보며 앉은뱅이가 걸으며 문둥이가 깨끗함을 받으며 귀머거리가 들으며 죽은 자가 살아나며 가난한 자에게 복음이 전파된다 하라(눅 7:22)

모든사람들은 입술로 자기를 말합니다. 그러나 하나님은 능력으로, 삶으로 말씀하십니다. 이제는 우리도 입술로 말하지 말고 삶으로 말하십시다.

"나 괜찮은 놈이야."

이렇게 말하지 말고 괜찮은 자임을 삶으로 보이십시다. 사람들은 다 언어로 자신을 말합니다. 그런데 문제는 그 언어와 삶이 다르다는 겁니다. 숱하게 시행착오를 겪으면서 이런 다짐을 합니다.

'두고 봐야 돼.'

왜 그렇습니까? 말과 삶이 다르기 때문입니다.

주님께서는 언어로 자신을 말하지 않고 삶으로 말하셨습니다. 언어로 말하지 말고 삶으로 말하기를 바랍니다.

"나 믿음이 있는 사람입니다."

언어로 말하지 말고 믿음의 삶으로 말하십시오.

"내가 기도를 얼마나 오래 하는지 아십니까?"

언어로 말하지 말고 기도의 삶으로 말하십시오.

사람은 언어로 말하지만 하나님은 삶으로 말하십니다. 말은 현상이지만 능력은 삶의 본질입니다.

잘 될 것을 미리 믿는 믿음

하나님은 모든 것을 다 알고 존재하시고, 인간은 아무 것도 모르고 살아갑니다. 과거도 그렇지만 미래는 더더욱 그렇습니다. 하지만 전지전능하신 하나님은 미래까지도 모두 알고 계십니다.

인간은 하루 앞도 모릅니다. 한치 앞도 모릅니다. 아니 1초 앞도 모릅니다. 만일 사람들이 내일의 일만 미리 당겨서 안다고 하더라도 힘들게 일하지 않아도 얼마든지 살아갈 수 있습니다. 주식만 샀다 팔았다 하더라도 부자로 살아갈 것입니다. 무엇이 하한가를 치고 무엇이 상한가를 칠 것인지를 미리 안다면 누가 힘들게 농사지으면서 살겠습니까? 하루만 미리 알아도 일할 필요가 없습니다.

1분 후에 일어날 일만 미리 당겨서 알 수 있다면 고스톱을 치면 됩니다. 금방 뭐 나올지 뒤 패만 알면 누가 잃겠습니까?

1초 앞만 미리 당겨서 알 수 있더라도 교통사고로 죽는 사람은 없을 것입니다. 시속 100킬로미터로 달리는 차는 1초에 약 30미터를 갑니다. 1초 전에, 30미터 전방에서 사고날 것을 미리 알았다면 얼마든지 충분히 피해갈 것입니다. 하지만 1초 앞을 모르기 때문에 교통사고로 죽어갑니다.

하지만 하나님은 다 알고 계십니다. 그렇다면 한번 생각해 보십시오. 하나님이 내 인생을 다 아신다는 것은 나도 모르고 살아가는 내 인생이지만 하나님에게는 이미 모두 끝이 결정된 인생이라는 말입니다. 즉 하나님이 보실 때 결론이 난 인생을 우리는 오늘도 살아가고 있습니다.

"목사님 우리 인생도 얼마든지 바뀌잖아요."

맞습니다. 바뀝니다. 하지만 중요한 것은 바뀌는 것까지도 하나님은 모두 알고 계신다는 것입니다.

영화를 예로 들어보겠습니다. 감독과 관객이 함께 영화를 본다면 이 두 사람의 영화를 보는 자세와 느낌은 분명히 다를 것입니다. 관객은 내용에 대한 기대를 가지고 흥분과 스릴을 만끽하며 영화를 감상합니다. 하지만 감독은 절대로 놀라지 않습니다. 왜 그렇습니까? 이미 모든 내용을 알기 때문입니다.

여기에서 중요한 질문이 생겼습니다.

'하나님은 무슨 재미로 사실까?'

일반 관객들은 모르니까 영화가 재미있습니다. 어떻게 될 것인가 하는 기대감도 적지 않습니다. 하지만 감독은 모든 것을 압니다. 그렇다면 감독은 무슨 재미로 영화를 봅니까? 평범한 관객들은 뻔히 아는 영화라면 보려고 하지 않습니다. 그렇기 때문에 굉장히 재미있지만 잘 아는 영화를 보는 것보다는 재미가 덜할지라도 내용을 모르는 영화를 보는 편이 차라리 더 낫다고 합니다. 몰라야 기대감이 있기 때문입니다.

이것이 감독과 관객의 다른 점입니다. 감독은 영화를 재미로 보지 않습니다. 잘 표현되어진 영화인가, 잘 만들어진 영화인가를 알기 위해서 보고 또 봅니다. 이것이 우리의 관점과 다른 점입니다. 우리는 아는 영화는 보지 않지만 감독들은 너무도 자세하게 아는 내용일지라도 보고 또 봅니다. 그런 과정을 통하여 더욱 더 아름다운 영화를 만들어갑니다.

하나님이 우리의 인생을 바라보시는 관점도 이와 같습니다.

'저 사람의 인생이 어떻게 될라나?'

이렇게 우리의 인생을 보시지는 않습니다.

'그래, 설교할 때는 거기에서 좀더 힘을 주도록 하라!'

이러한 관점으로 보십니다. 관객은 기대와 스릴에 놀라면서 영화를 감상하지만 감독은 모두 아는 내용이기 때문에 내용보다 작품성에 놀랍니다.

이것이 참으로 중요합니다. 관객이 놀란다고 해서, 걱정한다고 해서 영화의 내용이 바뀌는 것은 아닙니다. 아직까지도 아쉬운 영화가 있습니다. 바로 '브레이브 하트'입니다. 그 영화를 보면 마지막에 멜 깁슨이 죽습니다. 제가 감독이라면 아주 멋지게 살릴 것 같은데 그 영화에서는 사지가 찢겨져서 "Freedom!"을 외치면서 죽습니다. 얼마나 안타까운지 모릅니다.

만일 그때 "전능하신 하나님, 당신이 저를 정말 사랑하신다면 멜 깁슨을 죽이지 마십시오. 저 주인공은 죽지 말아야 합니다."라고 기도했더라도 죽기는 마찬가지일 것입니다.

"아이고, 목사님 그러면 기도할 것 없네요."

그래서 기도해야 할 것과 기도하지 말아야 할 것을 구분하는 것이 실력입니다. 언제 기도해야 합니까? 영화감독이 영화를 만들 때 기도하면 그래도 가능성이 있습니다. 감독이 영화를 만들 때 기도하면 살릴 수 있습니다. 이처럼 언제 기도해야 되고 언제 기도해도 소용없는가를 구분하는 것, 어디까지가 내 인생의 운명이며 어디까지가 내 노력이 통용되는가를 구분하는 것, 운명과 노력의 한계점이 어디인가를 구분하는 것이 중요합니다.

인간이 노력한다고 모두 되는 것은 아닙니다. 아무리 노력해도 안 되는 것은 안 됩니다. 그러면 운명만 믿고 가만히 있습니까? 뭔가 노력을 해야 되는 것 아닙니까? 그러면 어디까지가 노력이고 어디까지가 운명입니까? 한 가지 분명한 사실은 영화를 만들기 전에는 노력이지만 영화를 만든 다음에는 운명이라는 겁니다.

영화가 만들어진 다음에는 기도해도 소용없습니다. 이미 영화는 만들어졌기 때문입니다. 영화를 만들기 전에 기도해야 됩니다. 조금 어려운 이야기지만 반드시 짚고 넘어가야 할 문제입니다.

걱정하고 놀란다고 해서 영화가 바뀌지 않듯, 인생 역시 걱정하고 놀란다고 해서 바뀌지 않습니다. 하나님이 다 아시므로 놀라지 않으신다면 인간 역시 내용은 모르지만, 결과는 모르지만 믿음으로 놀라지 않고 살면 됩니다. 관객들이 모두 놀랄 때 놀라지 않는 사람이 있으면 오히려 감독이 놀라지 않겠습니까?

하나님은 미래를 모두 아심이 당연하지만 사실 사람은 미래를 알고 살면 안 됩니다. 인간이 신처럼 미래를 알고 살면 안 되는 이유는 참으로 많습니다. 만일 인간이 미래를 알고 산다면 세상은 엉망진창이 되고 말 것입니다.

예를 들어 아들이 고등학교를 입학했습니다. 아들이 과연 대학을 갈 것인가 못 갈 것인가 궁금합니다. 걱정이 됩니다. 그래서 미래의 운명을 보니까 대학에 붙습니다. 엄마가 아들에게 이야기합니다.

"너 대학 간다."

"엄마는 미래를 아시는 분이니까 믿습니다. 그럼 제가 대학에 가는 거네요."

그 순간부터 이 아이는 합격의 기쁨에 젖어서 살아갑니다. 그렇게 계속 놀다가 떨어졌답니다. 미래를 안다고 계속 놀면 되겠습니까? 만일 인간이 미래를 안다면 보통 복잡한 것이 아닙니다. 전쟁나는 걸 미리 안다면 누가 살림을 하겠습니까? 죽는 걸 미리 안다면 누가 돈 벌러 나가겠습니까? 모르니까 삶이 정상적으로 균형이 잡히는 것이지, 알면 엉망진창이 되고 말 것입니다.

인간들이 미리 알아서 좋은 것이라면 하나님께서 왜 모르도록 했겠습니까? 오죽하면 하나님이 모르도록 만드셨겠습니까?

모르고 살기 때문에 답답한 것이 문제입니까? 답답한 미래, 알 수 없는 미래를 마치 아는 것처럼 살아가게 해 준 것이 바로 '믿음'입니다. 잘 될 줄 믿고 살아가는 겁니다. 그래서 하나님은 아시고, 인간은 모르지만 믿음으로 살아가는 것입니다.

믿음은 바라는 것들의 실상

믿음이 무엇입니까? 믿음은 바라는 것들의 실상입니다. 미래를 아는 것이 중요한 것이 아니라 믿음의 원리를 아는 것이 중요합니다. 바라는 것은 소망 아닙니까? 그리고 실상이란 이루어진 것을 뜻합니다. 그러니까 바라는 소망의 것들에 믿음을 붙여 놓으면 그것은 반드시 현실이 된다는 말입니다.

쉽게 나누어 생각해보더라도, 생각한 다음에 행동하는 사람은 있지만 행동한 다음에 생각하는 사람은 없습니다.

'물을 마셔야 되겠다.' 이렇게 생각한 다음에 물을 마시지, 물을 마셔놓고 '물을 마셔야 되겠구나' 생각하는 사람은 없다는 겁니다. 항상 행동보다 생각이 앞서갑니다. 즉 바라는 것이 있으면 실상이 됩니다.

아브라함을 보십시오. 아브라함은 믿음의 조상을 바라봤습니다.

하나님이 아브라함에게 약속하십니다.

여호와께서 너희의 열조 아브라함과 이삭과 야곱에게 맹세하사 그들과 그 후손에게 주리라 하신 땅이 너희 앞에 있으니 들어가서 얻을지니라 그 때에 내가 너희에게 말하여 이르기를 나는 홀로 너희 짐을 질 수 없도다 너희 하나님 여호와께서 너희를 번성케 하셨으므로 너희가 오늘날 하늘의 별같이 많거니와 너희 열조의 하나님 여호와께서 너희를 현재보다 천배나 많게 하시며 너희에게 허락하신 것과 같이 너희에게 복 주시기를 원하노라(신 1:8-11)

믿음으로 사라 자신도 나이 늙어 단산하였으나 잉태하는 힘을 얻었으니 이는 약속하신 이를 미쁘신 줄 앎이라 이러므로 죽은 자와 방불한 한 사람으로 말미암아 하늘에 허다한 별과 또 해변의 무수한 모래와 같이 많이 생육하였느니라(히 11:11-12)

그때 아브라함에게는 자손이 하나도 없었습니다. 현실은 그랬습니다. 하지만 아브라함은 하나님의 약속을 바라보았습니다. 그렇게 별을 보면서 꿈을 꿉니다. 그런데 그것이 나중에 어떻게 되었습니까? 처음에는 꿈이었지만 나중에는 실상이 되었습니다.

요셉도 보십시오. 형제들이 자기에게 절하는 꿈을 꾸었습니다. 형제들도 아빠도 엄마도 모두 자신에게 절하는 꿈을 꾸었습니다. 그런데 현실은 절하는 것은 그만두고 애굽으로 팔려가버리고 맙니다. 꿈과는 정반대로 현실이 가고 있습니다. 그래도 계속 꿈을 꿨습니다. 그런데 나중에 보니까 형제들과 아버지가 자신에게 절을 합니다. 이렇게 바라는 대로 되었습니다.

모세도 보십시오. 민족의 해방을 바라봤습니다. 하지만 모세가 아무리 꿈을 꾼다고 하더라도 해방이 됩니까? 하지만 '내 민족은 해방된다'는 꿈을 꾸었습니다. 그런데 진짜로 해방이 되었습니다.

이 모든 사람들에게는 공통점이 있습니다. 모두가 불가능한 일이었지만 결국은 해냈다는 것입니다.

그렇습니다. 우리의 삶 가운데에서 불가능한 일들을 바라게 되거든 쓸 데 없는 짓이라고 접어두지 말고 결국 그것이 이루어질 것을 믿으십시오. 잉태된 아기는 언젠가 때가 되면 태어납니다. 문제는 유산된 아기입니다. 유산된 아기는 태어나지 못합니다. 여기에서 깨닫게 되는 사실이 있습니다. 꿈은 언젠가는 이루어지지만 유산된 꿈은 이루어지지 않는다는 것입니다. 때문에 꿈을 유산시키지 말아야 합니다.

두 번째로 모두가 불가능한 일이었지만 그 사람들은 소망을 가지고 포기하지 않았습니다. 현실을 보면 도저히 불가능합니다. 하지만 그들은 현실을 바라보지 않고 시선을 꿈에 고정함으로 포기하지 않았습니다.

'절대로 포기하지 않으리라!'

포기하지 않으면 끝난 것이 아닙니다. 이것이 믿음의 사람의 공통점입니다.

형제처럼 지내는 사람이 있습니다. 본인의 말에 의하면 과거에 깡패였다고 합니다. 그런데 제가 볼 때에는 키도 작고 저에게 한 방만 맞아도 못 일어날 것 같습니다. 그래서 제가 이렇게 말했습니다.

"야, 뻥치지 마라. 네가 나하고 싸우면 나를 이기겠냐? 넌 한주먹 감이야."

그런데 그 친구가 이렇게 말합니다.

"그래 한주먹감이야. 그런데 정말로 싸우면 나를 이길 것 같아? 못 이겨."

"왜?"

"오늘은 이기지, 내일도 이기고. 하지만 한달까지 아니 끝까지 싸우면 이길 줄 알아?"

이 사람에 말에 의하면 싸움은 실력으로 되는 게 아니라 끈기로 판가름 난다고 합니다. 이렇게 끈질김으로 승리한 사람이 바로 야곱 아닙니까? 얍복강가에서 하나님과 붙었습니다. 하나님이 누구에게 패하실 분입니까? 하지만 야곱은 포기하지 않습니다.

아브라함은 자기 몸이 99살, 아내 사라가 89살 되었을 때까지도 아들을 준다는 하나님의 약속을 포기하지 않았습니다. 현실은 다 죽었지만 여전히 포기하지 않았습니다.

사업이나 건강이나 모든 관계가 다 죽었을지라도 그것이 내가 이루어야 할 하나님이 주신 비전이고, 꿈이라면 포기하지 마십시오. 포기하지 않는 한 아직 끝나지 않았습니다. 이것이 믿음의 사람의 공통점입니다.

이들의 세 번째 공통점은 불가능한 일이었지만 생명 거는 노력과 희생을 퍼부었다는 것입니다. 꿈만 꾸고 가만히 있으면 됩니까? 그 꿈을 현실화시키기 위해서는 반드시 생명 거는 노력이 필요합니다. 모세가 그냥 민족의 지도자가 되었습니까? 생명 거는 노력, 생명 거는 에너지를 투자했습니다.

우리에게도 꿈은 있는데 왜 이루어지지 않습니까? 그 꿈에 생명 거는 노력을 투자하지 않기 때문입니다. 불가능한 일은 바라게 되지도 않습니다. 만일 바라게 된다면 그것은 언젠가는 반드시 이루어질 수 있는 일입니다. 바라는 것을 현실로 이루어내는 것이 믿음입니다. 절대로 포기하지 마십시오. 사업이든 부부사이이든 어느 면에서나 마찬가지입니다.

내 몸의 장기 가운데 하나가 건강하지 못해서 남의 것을 이식하더라도 얼마나 많은 거부반응이 일어납니까? 부부도 마찬가지입니다. 계속 거부반응을 일으키면서 살아가는 것이 부부입니다. 예방 주사의 원리가 무엇입니까? 일부러 병균을 내 몸 속에 집어넣는 것 아닙니까? 자꾸 부부싸움을 하게 된다면 '또 예방주사 맞는구나.' 생각하십시오. 밋밋한 산보다는 굴곡이 있는 산이 괜찮습니다.

믿음은 하나님을 기쁘게 하는 것

믿음은 하나님을 기쁘게 합니다. 하나님을 기쁘게 한다는 것이 무엇입니까? 분명한 것은 하나님의 기쁨과 우리들의 기쁨은 다르다는 것입니다. 물론 하나님의 기쁨과 나의 기쁨이 같을 때도 있습니다. 예를 들어서 하나님으로 인하여 내가 기뻐할 때 하나님도 기뻐하십니다. 이러한 기쁨은 부모의 기쁨과 비슷합니다.

부모의 기쁨이 무엇입니까? 부모에게 자식이 잘 해주는 것이 기쁜 것이 아니라 자식이 잘 되는 것, 부모로 인하여 자녀가 기뻐할 때 그것이 부모의 기쁨이 됩니다. 왜 그렇습니까? 자식을 사랑하기 때문입니다. 부모로 인하여 기뻐하는 자녀야말로 부모의 기쁨입니다. 부모를 향한 조그마한 배려가 부모에게는 큰 기쁨이 됩니다.

하나님과의 관계 속에도 마찬가지입니다. 조그마한 기도, 조그마한 봉사, 예배드림이 하나님께는 기쁨이 됩니다.

"아버지!"라고 기도할 때 하나님은 '내 새끼, 뭐라고 하는 거야?' 하시며 귀를 기울이십니다.

갓난아기가 돌 즈음이 되면 걷지 않습니까? 그 때 부모의 마음은 남과는 확연히 다릅니다. 남들은 돌이 되어 걷는 것은 당연하다고 합니다. 하지만 부모는 발걸음을 떼는 아이를 보면서 얼마나 기뻐하는지 모릅니다. 마찬가지로 하나님은 우리들이 걸어서 주의 전으로 나오고 찬송하며 헌금하고 기도하는 것을 크나큰 기쁨으로 여기십니다. 그러한 믿음이 하나님을 기쁘시게 합니다.

우리들이 하나님을 신뢰하고 믿을 때 하나님은 기뻐하십니다. 환경 때문에 하나님을 원망하고 불평하는 것이 아니라 그러함에도 불구하고 100% 하나님을 신뢰하고 믿을 때 하나님은 기뻐하십니다.

좋든 좋지 않든 하나님을 신뢰하십시오. 인생은 미완성이기에 두고 봐야 합니다. 어떻게 매일 좋기만 하며 어떻게 매번 나쁘기만 합니까? 어떻게 매번 사랑만 하고 어떻게 매번 싸우기만 합니까? 싸웠다 미웠다 사랑했다 다시 싸우면서 사는 것이 우리의 인생입니다. 하나님을 신뢰하면서 두고 보십시오.

우리들이 본질로 나아갈 때 하나님은 기뻐하십니다. 이 본질이 사랑이요, 믿음입니다. 외식과 형식과 현상, 껍데기로 대하지 말고 사랑과 믿음의 본질로 대하십시오. 가인은 형식의 예배를 드림으로 하나님께서 받지 않으셨고 아벨은 본질의 제사를 드림으로 하나님께서 받으셨던 것처럼 하나님은 본질을 보시고 기뻐하십니다.

기도도 마찬가지입니다. 누가복음 18장에 나오는 바리새인은 형식과 껍데기의 기도를 했지만 세리는 가슴을 찢는 본질의 기도를 했습니다. 그런 차원에서 볼 때 대표기도하시는 분들이 조심해야 할 것이 있습니다. 대표기도를 들어보면 나쁜 내용은 하나도 없습니다. 그렇다면 모든 기도자는 그렇게 잘못한 것이 하나도 없을 만큼 모두 훌륭한 인생을 살았습니까? 그러나 대표기도는 본질의 기도를 하기 힘듭니다.

'거룩하시고 인간의 생사화복을 주관하시며…'

이렇게 기도를 시작하는데 어떻게 본질을 향하여 기도하겠습니까? 하나님은 본질로 나아갈 때 기뻐하십니다.

믿음은 변함없는 것

세 번째 믿음은 변함이 없습니다. 믿음의 사람들의 중요한 특징과 현상이 있습니다. 믿음의 사람들은 시작이나 끝이나, 좋을 때나 나쁠 때나, 잘 될 때나 안 될 때나, 별로 차이가 없고 변함이 없습니다.

'금보다 귀한 믿음은 참 보배 되도다'

이런 찬송가가 있습니다. 왜 다이아몬드보다 귀한 믿음이라고 하지 않고 금보다 귀한 믿음이라고 했겠습니까? 아무리 다이아몬드가 금보다 비쌀지라도 그렇게 찬송하지 않는 것은 금은 변함없음을 상징하기 때문입니다. 금은 변함이 없습니다. 그래서 결혼할 때에도 '당신과 나의 사랑이 변치 말자'는 뜻에서 금반지를 하는 것입니다. 금이 변하지 않듯 우리도 변하지 말자는 의미입니다.

믿음의 사람은 변함이 없습니다. 믿음의 사람과 자신의 삶을 비교해 보십시오.

아브라함을 보십시오. 믿음의 조상인 아브라함일지라도 인생의 모든 순간이 다 좋았던 것은 아닙니다. 심지어 아내까지 빼앗겼습니다. 그런데 성경을 자세히 보십시오. 열 번을 보고 백 번을 봐도, 아내를 빼앗겼을지라도 아브라함은 별로 마음의 동요함이 없습니다.

자식을 데리고 모리아산에 올라갈 때나 그 자식을 데리고 모리아 산에서 내려올 때나 동일합니다. 만일 여러분이 아브라함의 입장이었다면 가능했겠습니까?

요셉을 생각해보십시오. 형제들이 팔아넘겼습니다. 그렇게 노예로 살다가 보디발 장군의 아내 때문에 감옥에 갇힙니다. 하지만 감옥에 있을 때에나 노예가 되었을 때에나 변함이 없습니다. 나중에

총리대신 되었을 때에도 별다른 굴곡이 없습니다. 이처럼 믿음의 사람은 변함이 없습니다.

여러분이라면 어떻게 하겠습니까?

믿음의 사람은 변함이 없습니다. 좋을 때나 나쁠 때나 변함이 없습니다. 그런 사람이 크게 되는 사람입니다. 모세의 어머니를 생각해보십시오. 아들을 강물을 버릴 때나 그 아들의 유모로 살 때나 변함이 없습니다. 보통 사람 같으면 어림없는 일 아닙니까? 다니엘도 사자굴 속에 내려갈 때나 사자 굴에서 나올 때나 변함이 없습니다. 다니엘의 세 친구 사드락과 메삭과 아벳느고도 풀무불 속에 들어갈 때나 불에서 나올 때나 변함이 없습니다.

사도 바울도 감옥에 들어갈 때나 옥터를 흔들고 나올 때나 별 차이가 없습니다. 믿음의 사람은 좋을 때나 나쁠 때나, 잘 될 때나 잘 되지 않을 때나, 오해 받을 때나 오해가 풀렸을 때나, 죽게 되었을 때나 살게 되었을 때나 별 차이가 없습니다. 왜 그렇습니까? 하나님을 신뢰하기 때문입니다. 하나님을 믿기 때문입니다.

그렇다면 우리는 왜 자꾸 변덕을 부립니까? 사람을 믿기 때문입니다. 하나님을 신뢰하는 영혼이 되십시오.

> 내가 사망의 음침한 골짜기로 다닐지라도 해를 두려워하지 않을
> 것은 주께서 나와 함께하심이라(시 23:4)

이 말씀을 붙잡으십시다.

'하나님이 알아주시면 되는 거지, 하나님이 해결해 주시면 되지,
사람들로 인하여 이리 흔들리고 저리 흔들리지 말자.'
이것이 바로 믿음의 사람입니다.

내가 걷는 이 길이 혹 굽어도는 수가 있어도
내 심장이 울렁이고 가슴 아파도
내 마음 속으로 여전히 기뻐하는 까닭은
하나님은 실수하지 않으심일세

내가 세운 계획이 혹 빗나갈지 모르며
나의 희망 덧없이 쓰러질 수 있지만
나 여전히 인도하시는 주님을 신뢰하는 까닭은
주께서 내가 가야 할 길을 잘 아심일세

어둔 밤 어둠이 깊어 날이 다시는 밝지 않을 것 같아 보여도
내 신앙 부여잡고 주님께 모든 것 맡기리니
하나님을 내가 믿음일세

지금은 내가 볼 수 없는 것 너무 많아서
너무 멀리 가물가물 어른거려도
운명이여 오라 나 두려워 아니 하리 만사를 주께 내어 맡기리
차츰차츰 안개는 걷히고 하나님 지으신 빛이 뚜렷이 보이리라

끝난 것 같을지라도 요동하지 않는 것은 하나님을 믿기 때문입니다. 한번도 변해본 적이 없고 변할 수도 없는 하나님을 신뢰하기 때문에 요동하지 않습니다. 이처럼 믿음은 변함이 없습니다.

여러분의 삶이 요동합니까? 그렇다면 그것은 하나님을 믿지 않고 환경을 믿었다는 반증입니다. 뭔가 잘 되면 하나님을 사랑한다고 했다가 뭔가 잘못되면 하나님이 떠난 것처럼 절망과 포기로 힘겹다면, 조금 인정받으면 죽을 힘을 다하여 충성하다가 조금 오해받으면 때려치우려고 한다면 믿음의 사람이 아닙니다.

믿음의 사람들의 현상

믿음의 사람에게 나타나는 현상들이 있습니다.

1. 믿음의 사람은 어떤 시험이든지 믿음으로 이겨냅니다.
2. 믿음의 사람은 길이 아닌 곳은 가지 않습니다.
3. 믿음의 사람은 매사에 의욕이 넘칩니다.
4. 믿음의 사람은 두려움이 없이 항상 담대합니다.

여러분은 믿음의 사람입니까?

구원

나더러 주여 주여 하는 자마다 천국에 다 들어갈 것이 아니요 다만 하늘에 계신 내 아버지의 뜻대로 행하는 자라야 들어가리라 그날에 많은 사람이 나더러 이르되 주여 주여 우리가 주의 이름으로 선지자 노릇 하며 주의 이름으로 귀신을 쫓아내며 주의 이름으로 많은 권능을 행치 아니하였나이까 하리니 그때에 내가 저희에게 밝히 말하되 내가 너희를 도무지 알지 못하니 불법을 행하는 자들아 내게서 떠나가라 하리라(마 7:21-23)

구원

주 예수를 믿으라 그리하면 너와 네 집이 구원을 얻으리라

(행 16:31)

예수 그리스도를 믿으면 구원을 받습니다.

이기는 자는 이와 같이 흰 옷을 입을 것이요 내가 그 이름을 생명책에서 반드시 흐리지 아니하고 그 이름을 내 아버지 앞과 그 천사들 앞에서 시인하리라 (계 3:5)

내가 구원 받았다는 말은 내 이름이 하늘나라 생명책에 기록되었다는 것입니다.

오직 우리의 시민권은 하늘에 있는지라 거기로서 구원하는 자 곧 주 예수 그리스도를 기다리노니 (빌 3:20)

내 이름이 하늘나라 생명책에 기록되었다는 것은 나의 시민권이 하늘에 있음을 뜻합니다.

우리의 시민권은 하늘에 있습니다. 하늘나라 시민이 되었다면 하늘나라 시민처럼 사는 것이 마땅합니다. 그리고 하늘나라 시민처럼 산다는 것은 하나님의 말씀대로 변화된 삶을 사는 것을 뜻합니다. 임종하는 사람들의 여러 모습들을 보면서 제 마음에 항상 이런 궁금함이 있었습니다.

'사람들은 참으로 다양한 모습으로 죽어가는데 과연 어디까지 구원을 받은 사람이고 어디까지가 구원을 받지 못한 사람일까?

늘 이것이 궁금합니다. 왜냐하면 확실히 구원받은 자처럼 죽는 사람도 있고, 확실히 구원 받지 못한 자처럼 죽는 사람도 있습니다. 하지만 때로는 구원을 받았는지 받지 못했는지 천국에 가서 확인해야만 알 것 같은 사람들이 있기 때문입니다. 이런 사람들을 천국에서 만난다면 참으로 다행이지만 만나지 못한다면 어떻게 합니까?

저는 어머니의 임종 모습도 보았고 아버지의 임종 모습도 보았습니다. 어머니는 누가 보더라도 분명히 구원 받은 자답게 돌아가셨습니다. 물론 살아생전 어머님께서 보여주신 신앙생활의 모습을 보더라도 어머니의 구원은 확실합니다. 하지만 임종하시기 직전에 있었던 여러 체험들을 통하여 어머니께서 구원받으셨음은 더욱 확신하게 됩니다.

어머니께서 운명하시기 직전에는 말씀하시는 것조차 참으로 힘겨우셨습니다. 그런 상황에서도 아주 천천히 그리고 띄엄띄엄 이렇게 말씀하셨습니다.

"세 천사가… 나를 데리러… 왔구나…."

천사처럼 빛나는 얼굴로 마지막으로 그렇게 말씀 하신 후 운명하셨습니다. 목사님들 20여 분이 특별찬송을 불러주셨는데 그 때 환상 가운데 천군 천사들이 어머니의 영혼을 받아가는 모습을 본 목사님들도 계십니다. 우리 어머니는 확실히 구원받으셨습니다.

그런데 아버지는 긴가민가합니다. 우리 아버지도 교회는 다니셨습니다. 젊은 시절에는 아무리 말씀드려도 요지부동이었지만 큰 병이 걸린 후 예수님을 영접하고 믿기 시작했습니다. 또 하나님의 은혜로 병이 낫는 경험도 하셨습니다.

병이 낫자 아버지는 시골에 가시겠다고 합니다. 아무래도 가까이에서 함께 신앙생활을 하는 것이 좋을 듯하여 말씀드려봤지만 도시에서 사는 것은 답답하다면서 부득불 고향으로 가시겠다고 합니다. 그래서 가시더라도 이 곳에 계셨을 때처럼 새벽예배, 낮 예배, 밤 예배, 수요 예배를 드리기로 단단히 약속을 하고 아버지는 시골로 내려가셨습니다.

"그래 걱정하지 마!"

하지만 아버지는 주일 낮 예배만 겨우 참석하십니다.

"아버지는 여느 사람과는 다릅니다. 아버지는 하나님의 은혜로 병이 나았습니다. 때문에 그렇게 예수님을 믿으면 안 됩니다. 하나님의 치유하심을 입은 자는 병이 나았을 때의 믿음을 유지해야 합니다. 모든 예배에 참석하시고 신앙생활도 열심히 하십시오."

아무리 말씀드려도 잘 참석하지 않으십니다. 그래서 여쭤보았습니다.

"왜 교회에 열심히 나가지 않으십니까?"

"도무지 재미가 없어! 아들네 교회만 같으면 새벽에도 나가고 밤에도 나가겠는데 여기 교회는 별로 재미가 없어."

아버지의 말씀이 제게 너무나도 큰 도전과 충격이 되었습니다. 그리고 이런 결심까지 하게 되었습니다.

'어쨌든 우리 교회에 한번 나온 분은 반드시 또 나오고 싶은 마음이 들도록 해야 하겠구나.'

수단, 방법, 이유를 불문하고 일단 우리 교회에 예배를 드리러 나온 성도들은 다음에도 또 나오고 싶은 마음이 들도록 해야 되겠다는 결심을 했습니다.

이 한 가지에 집중하다 보니 어떤 분들은 제 설교가 너무 경박하다고 합니다. 또 다른 분들은 설교가 경건하지 못하다고 합니다. 경건하지 못하다는 표현은 저를 배려하여 점잖게 해주신 말씀이고 그분의 마음을 꿰뚫자면 제 설교가 방정맞다는 겁니다. 저 역시 모르는 바는 아닙니다. 구태여 술로 빗대어 말하자면 아무리 생각해도 제 설교는 세련된 양주 설교라기보다는 투박한 막걸리 설교에 가깝습니다.

때때로 방송이나 집회 현장에서 유명한 목사님들의 설교를 듣게 되는데, 얼마나 세련되고 고상하게 말씀을 전하는지 그 분들의 설교는 쟁반에 옥구슬 굴러가듯이 깔끔하고 수준이 높습니다. 하지만 제게 주신 설교 전달방식은 분명 그분들과 다릅니다. 하나님이 만들어주신 기본 틀이 다른 것을 어떻게 합니까?

아버지는 재미없다고 하시면서 제대로 신앙생활을 하시지 않았습니다. 안되겠다 싶어 다시 대전으로 오시라고 하여 열심히 건강도 회복시켜드리고 신앙도 성장하도록 하여서 시골에 보내드리지만 여전히 전과 다르지 않습니다. 그렇게 지내시다가 병으로 돌아가셨습니다.

임종을 맞는 사람들의 신앙 상태는 여섯 가지로 정리할 수 있습니다.

1. 예수님을 믿지 않고 교회도 다니지 않다가 그냥 죽는 사람
2. 예수님을 믿지 않고 교회를 다니지 않다가 임종 무렵 목사님께 기도 받고 죽는 사람

3. 예수님을 믿지 않고 교회를 다니지 않다가 임종 무렵 예수님을 시인하고 예수님을 믿겠노라 약속한 후 침례까지 받고 죽는 사람

4. 예수님을 믿고 교회도 다녔지만 여전히 술과 담배를 끊지 못하고 아무런 삶의 변화 없이 죽는 사람

5. 예수님을 믿고 교회도 다녔으며 모든 하나님의 말씀을 지켜서 살아간 것은 아니지만 그래도 나름대로 말씀에 순종하고 살다가 죽는 사람

6. 예수님을 믿고 교회도 다녔으며 자타가 인정하는 변화된 모습으로 하나님 말씀대로 순종하며 살다가 죽는 사람

여섯 가지 중 과연 몇 번이 구원 받아 천국에 가고 몇 번이 구원 받지 못해서 지옥에 갑니까?

여러분은 몇 번 인생을 살고 있습니까?

6번에 해당하지 않는다면 오늘 말씀 통하여 깨닫고 결단하시기 바랍니다.

양보할 수 없는 구원

미리 말씀드립니다만, 구원은 100퍼센트 전적인 하나님의 주권이며 하나님의 소관입니다. 다시 말해서 인간이 감히 받았다 못 받았다 판단할 수 있는 것은 아니라는 말입니다.

하지만 그렇다고 해서 하나님의 주권에만 맡기고 우리들은 아무것도 모른다고 할 수는 없는 일 아닙니까? 때문에 조심스럽게, 하

나님의 말씀에 근거하여 구원을 분명하게 조명해보고자 합니다. 구원이야말로 그 무엇과도 비교할 수 없는 것이고 하나님의 말씀의 기준에 비추어서 조금도 빈틈없이 확실하고 분명하게 알아야 할 사항입니다.

잘 사는가 못 사는가 하는 것은 그다지 중요한 문제가 아닙니다.

'성공하면 밥 세 끼 실패하면 죽 세 끼'

옛날 사람들은 이렇게 말했습니다. 하지만 지금은 이것도 바뀌었습니다.

'성공하면 밥 두 끼 실패하면 밥 네 끼'

성공한 사람은 바빠서 밥 먹을 시간조차 없지만, 실패한 사람은 딱히 할 일도 없고 하니 밥만 먹습니다. 얼마 전까지만 하더라도 뚱뚱하면 부잣집 맏며느릿감이라고 했습니다. 하지만 지금은 상황이 다릅니다. 왜냐하면 살 찌는 데 돈이 드는 것이 아니라 살 빼는 데 돈이 들기 때문입니다. 그래서 대개 날씬한 사람은 돈 많은 사람, 뚱뚱한 사람 돈이 별로 없는 사람입니다.

살찌고자 마음먹었다면 아주 간단합니다. 고구마 한 가마니, 라면 두 박스 사다 놓고 자기 직전에 계속 2개씩만 끓여 먹고 삶아 먹으면 됩니다. 그렇게 세 달만 지나면 본인도 몰라볼 만큼 놀랍게 부흥합니다. 하지만 그렇게 찐 살들을 다시 빼려면 얼마나 많은 돈이 들어가는지 모릅니다. 게다가 보통 의지로는 되는 일도 아닙니다. 쉽지 않습니다. 살 빼는 것이 쉽다면 세상에 뚱뚱할 사람이 어디 있겠습니까?

잘 입고 못 입고도 별로 중요한 문제가 아닙니다. 정말 멋진 사람은 입을수록 멋진 것이 아니라 벗을수록 멋집니다. 좋은 집이냐, 안 좋은 집이냐 하는 것도 큰 문제가 되지 못합니다. 몇 천원만 주면 하루 종일 있어도 되는 찜질방이 동네마다 얼마나 많습니까? 집안을 깔끔하게 해놓고 사는 것은 좋습니다. 하지만 필요 이상으로 집을 꾸미는 것은 헛수고라고 생각합니다. 지나친 것은 부담이 되지 않습니까? 그런 집은 살기에 뭔가 불편합니다.

하지만 구원을 받았는가, 구원을 받지 못했는가 하는 것은 양보할 수 없는 중요한 문제입니다. 우리의 구원이 얼마나 중요한 사항이었으면 전능하신 하나님께서 인간의 몸을 쓰시고 이 땅 위에 우리를 구원하러 오셨겠습니까?

인자의 온 것은 잃어버린 자를 찾아 구원하려 함이니라(눅 19:10)

예수님께서 이 땅에 오신 목적은 집을 사주기 위함도 아닙니다. 사업을 도와주기 위함도 아닙니다. 건강을 주시기 위함도 아닙니다. 이 모든 것들은 지엽적인 것들에 불과합니다. 예수님이 이 땅에 오신 목적은 오직 하나, 우리들을 구원하기 위함입니다.

물론 그렇다고 해서 주님께서 고쳐주지 않는다거나 축복해주지 않는다는 뜻은 아닙니다. 하지만 이 모든 것들은 목적이 아니라 지엽적인 것들에 불과합니다.

하나님은 천지를 모두 말씀으로 지으신 전능하신 분입니다. 하지만 죄인을 구원하는 문제만큼은 말씀으로 하실 수 없었기에 친히 천하고 천한 인간의 몸을 입으시고 직접 이 땅 위에 오셔서 자기가 만든 인간에게 멸시, 천대, 모욕을 당하시고 십자가에서 죽으셨다가 삼일 만에 부활하셨습니다. 이렇게 하여 완성하실 만큼 중요한 사항이 바로 우리의 구원입니다.

구원받는 방법

첫 번째, 예수님을 믿으면 구원을 받습니다.

> 주 예수를 믿으라 그리하면 너와 네 집이 구원을 얻으리라
> (행 16:31)

> 너희가 그 은혜를 인하여 믿음으로 말미암아 구원을 얻었나니 이것이 너희에게서 난 것이 아니요 하나님의 선물이라(엡 2:8)

두 번째, 주의 이름을 부르는 자는 구원을 받습니다.

> 누구든지 주의 이름을 부르는 자는 구원을 얻으리라 하였느니라
> (행 2:21)

> 누구든지 주의 이름을 부르는 자는 구원을 얻으리라(롬 10:13)

우리들은 이런 구원 찬송을 부릅니다.

주의 이름을 부르는 자는 구원을 얻으리로다

주의 이름을 부르는 자는 구원을 얻으리로다

할렐루야 할렐루야 구원을 얻으리로다

할렐루야 할렐루야 구원을 얻으리로다

그런데 문제는 입술로는 구원에 대한 찬송을 부르지만 우리 안에 구원의 감격이 없다는 사실입니다. 만일 로또에 당첨되었다고 생각해보십시오. 힘없이, 아무런 감동 없이 밋밋하게 노래 부를 사람이 어디 있겠습니까? 윷놀이 할 때 모만 나와도 교회가 무너질 듯 소리를 지릅니다. 그런데 어떻게 구원의 감격이 윷놀이 때 모만도 못한지 참으로 안타깝기만 합니다. 그리고 도무지 이해가 되지 않습니다.

스스로 점검해보십시오. 여러분은 감격에 벅차서 구원의 찬송을 부릅니까 아니면 사지로 끌려가는 양처럼 구원의 찬송을 부릅니까?

세 번째, 입으로 예수님을 구주로 시인하면 구원을 받습니다.

사람이 마음으로 믿어 의에 이르고 입으로 시인하여 구원에 이르느니라(롬 10:10)

네 번째, 예수님을 영접하고 그 이름을 믿으면 하나님의 자녀가 되어 구원을 얻습니다.

영접하는 자 곧 그 이름을 믿는 자들에게는 하나님의 자녀가 되는
권세를 주셨으니(요 1:12)

다섯 번째, 회개하고 예수 그리스도 이름으로 침례를 받고 죄 사
함을 얻고 성령을 받으면 구원을 얻습니다.

베드로가 가로되 너희가 회개하여 각각 예수 그리스도의 이름으
로 침례를 받고 죄 사함을 얻으라 그리하면 성령을 선물로 받으리
니(행 2:38)

여섯 번째, 우리에게 귀신을 쫓아낼 수 있는 능력이 있으므로 구
원 받은 사실을 확실히 알 수 있습니다.

그러나 내가 하나님의 성령을 힘입어 귀신을 쫓아내는 것이면 하
나님의 나라가 이미 너희에게 임하였느니라(마 12:28)

귀신들이 너희에게 항복하는 것으로 기뻐하지 말고 너희 이름이
하늘에 기록된 것으로 기뻐하라(눅 10:20)

하나님은 구원받을 수 있는 길과 방법을 아주 자세히 가르쳐주
셨습니다. 이것으로 구원이 다 이루어진다면 사실 구원은 참으
로 간단합니다. 구원의 확신은 앞서 언급한 말씀만으로도 충분

하고 분명합니다. 그런데 이 모든 말씀들을 뒤집는 듯한 한 말씀의 등장이 우리들을 안타깝게 합니다. 구원은 너무나 중요한 문제이므로, 한 치의 오차도 있어서는 안 될 문제이므로, 무슨 말씀으로도 분명해야 하므로 다시 상고해보고자 합니다.

> 만일 아브라함이 행위로써 의롭다 하심을 얻었으면 자랑할 것이
> 있으려니와 하나님 앞에서는 없느니라 성경이 무엇을 말하느뇨
> 아브라함이 하나님을 믿으매 이것이 저에게 의로 여기신 바 되었
> 느니라(롬 4:2, 3)

아브라함은 믿음으로 의로워졌다고 말씀하십니다. 즉 아브라함이 의로워진 것은 행함이 아니라 믿음이라고 분명하게 말씀하십니다. 즉, 아브라함이 의로워진 것은 하나님을 믿기 때문이지 행함 때문은 아니라는 말씀입니다. 만일 행함으로 의로워졌다면 자랑할 것이 있겠지만 믿음으로 의로워졌기에 자랑할 것이 없다고 말씀하십니다. 즉 믿음으로 구원 받았다는 것입니다.

그럼 여기서 끝나야 하는데 이와 반대되는 말씀이 있습니다.

> 내 형제들아 만일 사람이 믿음이 있노라 하고 행함이 없으면 무슨
> 이익이 있으리요 그 믿음이 능히 자기를 구원하겠느냐(약 2:14)

믿음 있다고 하면서 행함이 없으면 구원을 받지 못합니다.

만일 형제나 자매가 헐벗고 일용할 양식이 없는데 너희 중에 누구
든지 그에게 이르되 평안히 가라, 덥게 하라, 배부르게 하라 하며
그 몸에 쓸 것을 주지 아니하면 무슨 이익이 있으리요 이와 같이
행함이 없는 믿음은 그 자체가 죽은 것이라(약 2:15-17)

네가 보거니와 믿음이 그의 행함과 함께 일하고 행함으로 믿음이
온전케 되었느니라 이에 경에 이른 바 아브라함이 하나님을 믿으
니 이것을 의로 여기셨다는 말씀이 응하였고 그는 하나님의 벗이
라 칭함을 받았나니 이로 보건대 사람이 행함으로 의롭다 하심을
받고 믿음으로만 아니니라 또 이와 같이 기생 라합이 사자를 접대
하여 다른 길로 나가게 할 때에 행함으로 의롭다 하심을 받은 것
이 아니냐 영혼 없는 몸이 죽은 것같이 행함이 없는 믿음은 죽은
것이니라(약 2:22-26)

믿음으로만 의로워지는 것이 아니고 믿음에는 반드시 행함이 수
반 되어야 된다고 말씀하십니다.

믿음과 행함 그리고 구원

신학대학에서도 숱하게 변론되는 부분 가운데 하나가 '믿음과
행함'의 상관관계입니다.

'믿음으로 구원받는가? 그렇다면 행함은 없어도 되는가? 아니
면 행함이 있어야 하는가? 그렇다면 믿음은 무엇인가?'

이러한 물음을 놓고 논쟁을 일삼습니다. 하지만 이 때 믿음과 행함은 상반관계가 아니라 보완관계입니다. 즉 믿음과 행함을 따로따로 떨어뜨려 볼 것이 아니라 하나로 봐야 합니다. 믿음과 행함은 마치 손바닥과 손등의 관계와 같습니다. 때문에 믿음과 행함을 하나로 봐야지 떼놓고 보면 안 됩니다. 즉 믿음 속에 행함이 있고 행함 속에 믿음이 있습니다. 믿음과 행함이 하나로 일치한다면 별 문제가 되지 않습니다. 그런데 믿음은 있다고 하면서 행함이 없다면 어떻게 해야 합니까? 행함이 없는 믿음도 믿음입니까? 이에 대하여 본문은 다음과 같이 말씀하십니다.

> 나더러 주여 주여 하는 자마다 천국에 다 들어갈 것이 아니요 다만 하늘에 계신 내 아버지의 뜻대로 행하는 자라야 들어가리라 (마 7:21)

그런데 이 말씀과 정면으로 충돌되는 말씀이 있습니다.

> 네가 만일 네 입으로 예수를 주로 시인하며 또 하나님께서 그를 죽은 자 가운데서 살리신 것을 네 마음에 믿으면 구원을 얻으리니 사람이 마음으로 믿어 의에 이르고 입으로 시인하여 구원에 이르느니라 (롬 10:9, 10)

로마서에서는 누구든지 주의 이름을 부르면 구원을 얻는다고 말씀하십니다. 로마서에서는 시인하고 주의 이름을 부르면 구원을 받습니다. 하시만 마태복음에서는 시인과 고백만으로는 천국에 들어가지 못하고 고백한 대로 시인한 대로 그렇게 하나님의 뜻대로 행하는 자들이 천국에 들어갈 수 있다고 말씀하십니다. 이처럼 로마서는 고백을 강조하고 마태복음은 삶을 강조합니다.

두 말씀을 놓고 묵상하는 가운데 깨닫게 된 해답이 있습니다. 똑같은 시대일지라도 남한의 믿음의 상황과 북한의 믿음의 상황은 엄연히 다르지 않습니까? 우리가 잘 알듯 북한은 신앙을 인정하지 않습니다. 또 북한에서는 예수를 믿는다고 고백하면 죽습니다. 때문에 그들은 숨어서 신앙생활을 합니다.

한 북한 동포가 예수를 믿게 되었습니다. 그리고는 믿는 자들은 반드시 침례를 받아야 된다는 사실도 알게 되었습니다. 하지만 침례를 주실 목사님이 없습니다. 그래서 수십 년 기도했다고 합니다.

"하나님, 반드시 목사님을 만나서 침례 받게 해주십시오."

그렇게 기도하는 가운데 목사님을 만날 수 있게 되었습니다. 그가 울면서 이렇게 말합니다.

"침례를 베풀어주실 수 있는 목사님을 만나게 해달라고 수십 년 동안 기도했습니다. 저에게 침례를 주십시오."

저는 이야기를 들으면서 얼마나 충격을 받았는지 모릅니다. 똑같은 시대를 사는 똑같은 민족입니다. 그런데 한 쪽에서는 목사님만 봐도 우는데 또 다른 한쪽에서는 교회에서 목사님을 쫓아내려고 하고 있으니 이것이 도대체 어떻게 된 일입니까?

남북이산가족 재회 장면 때 한 북한의 아주머니에게 이렇게 물었습니다.

"아줌마는 소원이 뭡니까?"

"내 소원 딴 것 없디요. 그저 소원이 하나 있다면 책 찬송가 가사에 책 찬송가 곡조를 넣어서 원 없이 불러보는 게 소원이디요."

남한에서 예수 믿는 사람의 소원과 북한에서 예수 믿는 사람의 소원이 이렇게 다릅니다. 그렇다면 여러분의 소원은 무엇입니까?

질문했던 기자가 북한에도 찬송가가 있다는 것이 하도 신기해서 다시 물어봤습니다.

"북한에서도 찬송을 합니까?"

그랬더니 찬송가가 있기는 하지만 제 가사를 제 곡조에 붙여 부르다가 들키면 죽으니까 찬송가 가사를 김일성 혁명가 곡조로 부른다고 합니다. 한번은 19명이 굴에서 숨어서 신앙생활을 하다가 들키고 말았습니다.

당 간부가 말합니다.

"동무들, 이제라도 예수만 안 믿겠다고 하면 살려는 주겠다. 믿겠다고 하고 죽을래, 안 믿겠다고 살래?"

19명이 전부 믿음을 선택하여 순교하게 되었습니다. 총으로 죽이자니 총알로 아깝다면서 땅바닥에다가 이들을 뉘이고는 불도저로 갈아서 죽이려고 합니다. 그것도 머리 쪽부터 갈아버리면 고통의 순간이 짧으니까 다리에서부터 올라오는 겁니다. 그때 한 아이가 죽으면서 아버지에게 이렇게 말합니다.

"아빠, 예수님을 부인하지 마세요. 조금 있다가 천국에서 만나요."

그렇게 19명이 모두 순교했습니다.

북한에서는 예수님을 믿는 사람들이 죽을 병에 걸리면 오히려 감사기도를 한다고 합니다.

"하나님 감사합니다. 드디어 내가 하늘나라에 갈 수 있는 신호가 왔군요. 감사합니다."

그런데 남한에서는 죽을병에 걸리면 어떻게 기도합니까?

"이럴 수는 없나이다. 하나님이 살아 계신다면 이럴 수는 없나이다."

누가 옳습니까?

저는 지금까지 남한에 태어난 것을 얼마나 감사했는지 모릅니다. 무엇보다 자유롭게 신앙생활을 할 수 있으니 하나님의 축복받은 자라고 생각했습니다. 그런데 요즘은 조금씩 헷갈립니다.

'과연 조금 더 잘 먹는다는 것, 조금 더 잘 입는다는 것이 진정한 축복인가? 그렇다면 이러한 자유 속에서 변질된 나의 신앙은 어떻게 하지? 남한의 크리스천과 북한의 크리스천이 하나님 앞에 섰을 때 받아 쓸 면류관을 생각해 본다면 어느 쪽이 더 귀하고 참된 면류관일까? 어설픈 자유 때문에 내 신앙의 질이 형편없어져버린 것은 아닐까?'

이런 고민 가운데 한 가지 깨달은 것이 있습니다.

로마서가 북한에 해당되는 말씀이라면 마태복음은 남한에 해당되는 말씀이더라는 겁니다. 북한은 '주여' 이 한 마디만 해도 천국에 갑니다. 하지만 남한은 '주여 주여' 이것만 가지고는 안 되고 그의 삶으로 확인해봐야 합니다.

> 그러므로 내가 너희에게 알게 하노니 하나님의 영으로 말하는 자
> 는 누구든지 예수를 저주할 자라 하지 않고 또 성령으로 아니 하
> 고는 누구든지 예수를 주시라 할 수 없느니라 (고전 12:3)

올바른 주종관계

성령의 도우심으로 '주여' 라고 고백하는 사람은 확실히 구원을 받습니다. 하지만 입술로만 하는 고백도 과연 구원을 이루어낼 수 있겠습니까? 다시 말해서 주님의 죽으심을 인정하고 '주여' 라고 고백하는 사람은 구원을 받겠지만, 입술로만 '주여' 라고 하고 정작 주님의 주 되심은 인정하지 않는 사람이 과연 구원을 받겠느냐는 겁니다.

주님의 주 되심을 인정한다는 것은 참으로 중요합니다.

'주여' 이 한 마디 속에는 이런 뜻이 담겨있습니다.

'주님은 주인이시고, 나는 종입니다.'

'나는 종입니다.'

그렇다면 어떠한 관계가 주종관계입니까? 종에게는 자기 의지가 없습니다. 그저 주인이 시키는 대로 할 뿐입니다. 주인이 하라는 대로 하지 않고 자기 뜻대로 한다면 종이 아닙니다.

예수님 역시 자기는 살고 싶었지만 하나님의 뜻이 십자가를 지는 것이기에 십자가를 졌습니다.

사도 바울도 종으로 살았습니다.

보라 이제 나는 심령에 매임을 받아 예루살렘으로 가는데 저기서
무슨 일을 만날는지 알지 못하노라 오직 성령이 각 성에서 내게
증거하여 결박과 환난이 나를 기다린다 하시나 나의 달려갈 길과
주 예수께 받은 사명 곧 하나님의 은혜의 복음 증거하는 일을 마
치려 함에는 나의 생명을 조금도 귀한 것으로 여기지 아니하노라
(행 20:22-24)

사도 바울의 고백은 이렇습니다.
"내가 예루살렘에 올라가는데 거기서 무슨 일을 만나는지 나는
알지 못하겠다. 사망이 나를 기다리고 있지만 내가 주께 받은 바
사명 곧 하나님의 은혜의 복음을 증거하는 일을 전하려 함에는 나
의 생명을 조금도 귀한 것으로 여기지 않겠다."
예수님도 사도 바울도 주종관계가 확실했습니다.
그렇다면 여러분은 주종관계가 분명합니까?
'주여' 라는 고백 안에는 이처럼 내 의지는 없으며 주님 의지대
로 살아가겠노라고 하는 뜻이 담겨 있습니다. 때문에 내 의지 없이
주님의 의지대로, 내 뜻 없이 주님의 뜻대로 사는 것입니다.

주님 뜻대로 살기로 했네 주님 뜻대로 살기로 했네
주님 뜻대로 살기로 했네 뒤 돌아 서지 않겠네

이것이 '주여' 라고 고백한 사람들이 부르는 찬양입니다.

주종관계가 바로 서면 부부싸움조차 달라집니다. 마누라가 아무리 바가지를 긁더라도 '이놈의 여편네 그냥 기통배기를!' 하고 때리지 않습니다. 그 전에 먼저 주인한테 물어봅니다.

"주님 이 여편네가 화나게 하는데 한방 붙여 버려야지요?"

이 때 주님이 "야, 나 같아도 쳐버리겠다. 쳐라!" 이렇게 대답하신다면 쳐야 합니다. 하지만 주님께서 "참아라. 그래도 참아라." 이렇게 대답하신다면 부들부들 떨리는 손을 내리고 참아야 합니다. 주님이 참으라고 할 때 종은 참아야만 합니다.

두 번째로 종에게는 자기 소유가 없습니다. 종이 일해서 돈을 벌지라도 그것은 주인의 돈입니다. 벌어도 주인의 것이고 까먹어도 주인의 것이며 종에게는 아무런 책임이 없습니다. 그저 관리만 할 뿐입니다.

그런데 여러분은 벌어도 자신의 돈 같고 까먹어도 자신의 돈 같지 않습니까? 그러니까 말로는 '주여 주여' 하지만 실제 주인은 자기 자신인 것입니다. 입술로는 '주여 주여' 하지만 내면으로는 '나여 나여' 한다는 겁니다. 때문에 물질도 주님 뜻대로 쓰지 않고 자기 뜻대로 씁니다.

주님 뜻대로 물질을 쓸 때 얼마나 유익한지 모릅니다. 주님 뜻대로 물질을 쓰면 주님이 자기 돈이니까 오죽 알아서 손해나지 않도록 관리를 잘해주겠습니까? 하지만 내 뜻대로 물질을 쓰니까 항상 어렵습니다.

어린 시절 잊혀지지 않는 장면이 있습니다. 명절이 되면 집집마다 먹을 것들이 얼마나 많은지 모릅니다. 사과, 배, 감, 곶감과 같은 먹을거리가 상에도 수북하고 광에도 가득합니다. 이 때 철든 놈과 철 안든 놈이 확실히 다릅니다. 철든 놈은 돈을 아끼고 집에 있는 것들을 먹습니다. 하지만 철없는 녀석들은 엄마에게 돈을 달라고 합니다.

"엄마 돈 줘!"

"왜?"

"가게 가서 뭐 사먹게."

"집에 먹을 것이 널렸는데 뭘 또 사먹으려고 그래."

조르고 졸라서 밖에 나가 사먹는 것이 고작 불량식품입니다.

철딱서니가 없기 때문입니다.

하나님이 여러분에게 부여하고 관리하라고 주신 물질을 성숙되게 씁니까, 아니면 철딱서니 없이 씁니까? 돈을 쓸 때도 하나님께 먼저 물어보십시오.

"주님 내가 저 옷을 너무 사 입고 싶어요."

그 때 주님이 "나 같아도 하나 사 입겠다." 말씀하시면 사 입으십시오. 하지만 "나 같으면 안 사겠어." 이렇게 대답하신다면 사지 마십시오. 주님이 입지 말라는 것을 왜 카드로 사서는 그 카드 빚 때문에 쫓겨 돌려 막고 옆구리로 막고 올려 막고 밑으로 막습니까? 뭐 하나를 사더라도 주님께 물어보고 주인 뜻대로 쓰십시오.

주님을 향하여 "주여"라고 불렀다면 내 멋대로 쓰지 말고 주님 뜻대로 써야 하는 것 아닙니까? 주님 뜻대로 살고, 주님 뜻대로 행한 후 '그저 무익한 종입니다.' 이렇게 말하는 자가 바로 종입니다.

주님의 뜻이 얼마나 중요했는지 예수님도 본인은 살고 싶었지만 주님의 뜻에 따라 죽었습니다. 사도 바울도 본인은 살고 싶었지만 주님의 뜻대로 죽었습니다. 이처럼 주인의 뜻은 중요합니다.

그렇다면 오늘을 사는 우리들을 향한 주님의 뜻은 무엇입니까? 입술로만 '주여' '주여' 하지 말고 주님 뜻대로 사는 것입니다. 그래야 정말 종입니다. 말은 주님이라고 하고 자신 뜻대로 산다면 '네가 주인 아니냐?' 라고 본문은 물으십니다.

행함이 있는 그리스도인

초대 교회 당시, 로마에서 예수 믿는 사람들은 너무나 큰 핍박을 받았습니다. 공직을 박탈당하는가 하면 배급이 끊어지고, 나중에는 사자 밥이 되거나 화형을 당해 죽기까지 했습니다. 숫자는 많지 않았지만 그들의 신앙은 순수했습니다. 그 순수한 신앙이 로마를 기독교화 했고 세계를 복음화 했습니다. 그때부터 예수 믿는 사람들이 우후죽순 많아졌습니다. 그런데 숫자는 늘어났지만 믿음의 질은 점점 떨어졌습니다.

이 땅도 마찬가지입니다. 한국 교회에 처음 복음이 들어왔을 때에는 예수 믿는다는 이유 때문에 말할 수 없는 핍박을 받았습니다. 그들의 숫자는 적었지만 신앙은 신실했습니다. 정말 그들은 '주님'을 주인 삼아 구원이 확실한 자답게 살았습니다. 그러다 예수 믿는 사람들이 자꾸 많아졌고 지금은 기하급수적으로 늘어났습니다. 그런데 문제는 믿음의 질이 점점 떨어져가고 있다는 겁니다.

이 땅의 초대 교회 시대에 예수 믿는 사람이 잘못했다고 하면 믿지 않는 사람들도 이렇게 생각했습니다.

'예수 믿는 사람이 그럴 리가 없어.'

조금 지나니까 반신반의합니다.

'예수 믿는 사람이 설마 그랬을라고?'

조금 더 지나니까 이렇게 달라집니다.

'예수 믿는 사람도 똑같구면.'

요즘에는 이렇습니다.

'예수 믿는 놈이 더 나쁘네.'

숫자는 많아졌는데, '주여'라고 고백하는 사람은 날로 많아졌는데, '주여'라고 고백된 행실을 하는 사람은 도무지 늘어나지 않는다는 것이 지금의 문제입니다.

꽃에는 세 가지-조화(造花), 생화(生花), 야생화(野生花)-가 있습니다. 요즘은 얼마나 기술이 발달했는지 손으로 직접 비벼봐야 생화인지 조화인지 구별이 됩니다. 생화와 조화를 섞어서 꽃꽂이를 하면 잘 구별할 수 없을 정도입니다.

생화도 온실 출신 생화와 야생 출신 생화로 나뉩니다. 트럭에 장미를 가득 실고 파는 분들이 있지 않습니까? 저는 꽃향기를 유난히 좋아하는지라 꽃을 실은 트럭을 지나칠 때는 꼭 향기를 맡아봅니다. 그런데 꽃향기는 나지 않고 풀냄새만 납니다. 하지만 비바람을 맞으면서 외롭게 핀 아파트 단지의 장미는 한 송이만 있어도 그 향기가 얼마나 진한지 동네 가득 진동합니다.

야생화의 꽃향기처럼 향기 나는 크리스천이 참으로 귀한 시대입니다. 대한민국 인구는 4800만 명이고 그중에서 예수 믿는 사람이 1000만 명에서 1200만 명에 달한다고 합니다. 물론 그 안에는 어느 정도 허수도 있을 것입니다.

하지만 그렇다고 하더라도 1000만 송이의 예수님의 꽃이 피었다면 이 나라가 예수의 향기로 진동해야 하는 것 아닙니까? 1000만 송이의 예수님의 꽃이 피었다면 천국은 아닐지라도 천국의 향기를 맡을 수 있는 이 나라가 되어야 하는 것 아닙니까?

그런데 과연 이 나라의 1000만 크리스천 꽃 가운데 예수님의 진실한 향기를 발하는 자가 얼마나 됩니까?

능력으로 비교해봅시다. 우리나라에서 무속으로 먹고 사는 분들이 수십만 명이라고 합니다. 귀신이 주는 정보를 가지고 사람들의 앞 일을 예언해가면서 살아가는 사람들이 수십만 명이라는 겁니다. 생각해보십시오.

우리나라에 능력 있는 예수 믿는 사람이 있다면, 예수의 이름으로 귀신을 쫓아내는 사도 바울 같은, 예수님 같은, 예수님의 제자들 같은, 빌립 집사 같은 능력의 사람들이 1000만 명 있다면 무속인들이 이 땅에 발을 붙이고 살 수 있겠습니까?

못 삽니다. 그런데도 그들이 계속해서 살아갈 수 있는 것은 능력 있는 크리스천이 없기 때문입니다. 이것이야말로 우리들이 돌아보고 반성해야 할 일들입니다.

말만 그리스도인에서 행함이 있는 그리스도인으로, 향기 없는 크리스천에서 향기 나는 크리스천으로, 능력 없는 크리스천에서 능력 있는 크리스천으로 변화합시다. 이것이 오늘 주시는 말씀이 요구하는 것입니다. '행함이 없는 크리스천에서 행함이 있는 크리스천으로 바뀌어야 한다.'

입술로만 예수 믿는 자들에게 성경은 경고합니다.

> 가라사대 이사야가 너희 외식하는 자에 대하여 잘 예언하였도다 기록하였으되 이 백성이 입술로는 나를 존경하되 마음은 내게서 멀도다(막 7:6)

> 저희가 하나님을 시인하나 행위로는 부인하니 가증한 자요 복종 치 아니하는 자요 모든 선한 일을 버리는 자니라(딛 1:16)

> 자녀들아 우리가 말과 혀로만 사랑하지 말고 오직 행함과 진실함 으로 하자(요일 3:18)

주님은 주여 주여 하는 자들이 모두 천국에 가는 것은 아니라 아버지의 뜻대로 행하는 자가 천국에 들어간다고 말씀하십니다.

행함이 없는 믿음은 죽은 믿음입니다.

어떻게 우리가 온전히 행함으로 살아가겠습니까? 하지만 연약하다고 해서 아무렇게나 살 수는 없는 것 아닙니까? 다른 문제는 모르지만 구원만큼은 어떤 말씀을 들이대더라도 확신할 수 있는 믿음의 사람들이 되기를 바랍니다.

축복, 능력, 방언과 같은 것들은 별로 중요치 않습니다. 하지만 구원만큼은 분명해야 합니다. 믿음을 봐도 구원이 확실하고, 행함을 봐도 구원이 확실하고, 변화된 모습을 봐도 구원이 확실해야 합니다. 내가 봐도 구원이 확실하고, 남이 봐도 구원이 확실하고, 우리 주님께서 봐도 구원이 확실한 사람이 되어야 합니다.

어떤 말씀으로도 구원이 확신하고, 어떤 삶으로도 구원이 확실하고, 어떤 행함으로도 구원이 확실한 사람이 되어야 합니다. 다른 것은 몰라도 구원만큼은 양보하지 마십시오.

산상보훈의 결론 부분에서 이렇게 말씀하십니다.

> 나더러 주여 주여 하는 자마다 천국에 다 들어갈 것이 아니요 다
> 만 하늘에 계신 내 아버지의 뜻대로 행하는 자라야 들어가리라
> (마 7:21).

말씀으로만 듣고 그치는 것이 아니라 모두 지켜 행하라고 말씀하십니다. 믿음으로도 행함으로도 완벽한 구원을 이루십시오.

전도

예수께서 여리고로 들어 지나가시더라 삭개오라 이름하는 자가 있으니 세리장이요 또한 부자라 저가 예수께서 어떠한 사람인가 하여 보고자 하되 키가 작고 사람이 많아 할 수 없어 앞으로 달려가 보기 위하여 뽕나무에 올라가니 이는 예수께서 그리로 지나가시게 됨이러라 예수께서 그곳에 이르사 우러러 보시고 이르시되 삭개오야 속히 내려오라 내가 오늘 네 집에 유하여야 하겠다 하시니 급히 내려와 즐거워하며 영접하거늘 뭇사람이 보고 수군거려 가로되 저가 죄인의 집에 유하러 들어갔도다 하더라 삭개오가 서서 주께 여짜오되 주여 보시옵소서 내 소유의 절반을 가난한 자들에게 주겠사오며 만일 뉘 것을 토색한 일이 있으면 사배나 갚겠나이다 예수께서 이르시되 오늘 구원이 이 집에 이르렀으니 이 사람도 아브라함의 자손임이로다 인자의 온 것은 잃어버린 자를 찾아 구원하려 함이니라(눅 19:1-10)

세 가지 관점

본문에는 세 부류의 사람들 즉 삭개오, 많은 사람들, 예수님이 등장합니다. 그리고 이 세 부류의 사람들은 한 사건에 대하여 각각 자신의 관점으로 바라봅니다.

삭개오의 관점

삭개오라는 이름은 '의로운 자' '순진한 자' '정결한 자' 라는 뜻입니다. 의롭고 순진하고 정결한 자라는 뜻이니 참 좋은 이름 아닙니까? 이 삭개오는 세리장이요, 부자입니다. 그에게 한 가지 단점이 있다면 키가 작은 것입니다. 삭개오는 대부분의 사람들처럼 인생의 현상을 중요하게 생각하면서 살았습니다.

그의 삶의 목표는 많은 돈을 버는 것이었습니다. 또 그의 삶의 목표는 지위가 높아지는 것이었습니다. 삭개오는 이러한 것들을 인생의 목표로 삼으면서 살아왔습니다.

그는 원하는 대로 이 모든 인생의 목표들을 모두 이루었습니다. 돈도 벌었고 지위도 높아졌으며 삶도 안정되었습니다. 즉 돈을 많이 번 성공적인 중년 남성이 된 것입니다. 지금 본문에 등장한 삭개오의 나이를 추정하자면 40대 후반에서 50대 초반 쯤으로 여겨집니다.

인생의 중년에 삭개오는 자신이 세운 인생의 목표를 모두 이루었고 원하는 대로 성공도 했습니다. 그렇게 원하는 것을 모두 이루었음에도 불구하고 인생이 공허합니다. 뭔가 한 구석이 빈 듯한 느낌이 지워지지 않습니다.

'인생이란 과연 이런 것인가?'

인생의 공허함과 허무함이 삭개오의 마음 깊은 곳에 자리 잡았습니다. 왜 삭개오에게 이러한 마음이 들었습니까? 겉으로 드러난 현상은 모두 갖춘 듯 하였지만 삶의 본질을 잃고 살았기 때문입니다.

한번 스스로 돌이켜 보십시오. 삶의 현상은 점점 더 좋아지지만 삶의 본질을 찾지 못하여 공허하지는 않습니까? 분명히 좋은 집에서 살고 있으며, 좋은 차를 타고 다니고, 좋은 옷을 입고 있으며, 기름진 음식을 먹고 있지만 '인생은 이런 것이 아닌데'라는 생각을 지울 수 없다면 삶의 본질을 아직 찾지 못한 삭개오와 같은 인생입니다.

삶의 공허함 속에서 갈 바를 알지 못하던 삭개오는 결국 예수님을 만나기로 결정합니다. 그렇습니다. 인생의 본질은 예수님을 만나야만 해결됩니다. 삶의 본질은 예수님을 만나야만 해결될 수 있음을 삭개오를 통하여 우리에게 가르쳐주고 있습니다.

사람의 관점

사람들은 삭개오를 어떻게 바라보았습니까? 세리장 삭개오입니다. 죄인이며 부정축재로 부자가 된 사람, 민족의 배신자, 구원 받을 수 없는 사람으로 삭개오를 보았습니다. 이런 삭개오와 주님이 교제를 나눈다는 것은 있을 수 없는 일인데 한발 더 나아가 그런 삭개오의 집에 주님이 친히 들어가서 함께 식사를 한다니 이것은 말도 되지 않는 일이라고 생각했습니다. 그래서 예수님과 교제하는 삭개오, 삭개오와 교제하는 예수님을 흉보고 비난합니다.

'어찌 예수님께서 저런 삭개오의 집에 들어가서 저런 사람과 함께 식사를 할 수 있지?'

사람들은 구원을 갈망하는 삭개오의 영혼의 애절함과 불쌍함을 보지 못했습니다.

예수님의 관점

예수님은 삭개오의 영혼의 본질을 보셨습니다. 사실 예수님 앞에서는 부자인가, 가난한 자인가 하는 것이 조금도 중요하지 않습니다. 예수님에게 중요한 것은 오직 천국에 갈 사람인가 지옥 갈 사람인가 하는 것뿐입니다. 또 주님은 단 한 사람도 지옥에 가지 않기를 소망하고 또 소망하십니다.

> 하나님은 모든 사람이 구원을 받으며 진리를 아는 데 이르기를 원하
> 시느니라(딤전 2:4)

때문에 주님은 세리의 친구도 되시고 창기의 친구도 되셨습니다. 사람들은 현상에 관심을 둡니다. 하지만 우리 주님은 본질에만 관심을 집중하십니다. 사람들은 외모에 관심을 두고, 육신에 관심을 두고, 직업에 관심을 두고, 재산에 관심을 두지만 우리 주님은 그의 영혼, 내면, 본질에 관심을 두십니다.

사람들은 좋은 사람인지 나쁜 사람인지에 관심을 둡니다. 하지만 우리 주님은 그가 구원 받아야 할 잃어버린 영혼인지 아닌지에 관심을 두십니다.

2천년이 흐른 오늘을 사는 사람들의 관심은 어디에 있습니까? 2천년이라는 길고 긴 세월이 지났지만 여전히 사람들의 관심은 똑

같습니다. 그리고 하나님의 관심 역시 동일합니다.

사람들은 교회 다닐 사람과 천국 갈 사람은 따로 있다고 봅니다. 하지만 하나님은 단 한 사람도 예외 없이 모두 구원 받아야 될 사람으로 바라보십니다. 하나님 앞에서는 그가 어떠한 사람이든지 상관없이 구원받아야 할 불쌍한 영혼일 뿐입니다. 이것을 잊지 마십시오.

현상 때문에 본질을 놓치고 살지는 않습니까?

외모 때문에 내용을 놓치고 살지는 않습니까?

육신 때문에 영혼을 잃지 마십시다. 주님은 사도행전 2장의 말씀처럼 성령이 충만한 베드로도 쓰셨지만 요한복음 4장의 말씀처럼 전에 다섯 남편이나 있었던 우물가의 여인도 사용 하셨습니다. 이것을 잊지 마십시오. 많은 사람들이 하나님은 이런 사람은 쓰시고 저런 사람을 쓰시지 않을 것이라고 생각합니다. 하지만 하나님은 저런 사람도 쓰시지만 이런 사람도 쓰십니다.

"아이고, 그 사람이 전도하면 누가 믿겠어요?"

아닙니다. 그 사람이 전도해도 믿습니다. 왜 그렇습니까? 그 사람이 중요한 것이 아니라 그 사람이 전하는 복음이 중요하기 때문입니다. 극단적으로 말하자면 백 명의 성자가 모여서 전도하지 않는 것보다 백 명의 창녀가 모여서 전도할 때 더 큰 구원의 역사 일어납니다. 그렇기 때문에 우리 같은 사람도 하나님이 쓰시는 것입니다.

대통령은 훌륭하고 노숙자들은 훌륭하지 않습니까? 하지만 하나님이 보실 때에는 이 둘 모두 불쌍한 영혼입니다. 대통령이라면 이 땅에서는 최고의 명예를 누린 자 아닙니까? 아무리 그러한 정상의 자리에 오른 사람일지라도 그가 천국에 가지 못한다면 하나님이 보시기에는 불쌍한 사람에 불과합니다. 하나님은 모두 구원받아야 할 불쌍한 사람으로 바라보십니다.

전도는 주님의 지상명령

전도 즉 영혼 구원은 주님의 유언이요, 주님의 지상 명령이요, 교회의 존재 이유입니다.

> 그러므로 너희는 가서 모든 족속으로 제자를 삼아 아버지와 아들과 성령의 이름으로 침례를 주고 내가 너희에게 분부한 모든 것을 가르쳐 지키게 하라 볼지어다 내가 세상 끝 날까지 너희와 항상 함께 있으리라 하시니라 (마 28:19, 20)

인간관계에서도 살아생전 하던 말보다는 죽을 때 하는 유언에 더 큰 비중을 두고 지키려고 하지 않습니까? 마찬가지로 우리들 역시 주님의 유언은 반드시 지켜야 합니다.

그렇다면 주님의 유언이 무엇입니까? 주님의 마지막 명령이 우리들의 최초의 관심사가 되어야 합니다. 주님의 유언이 무엇입니까? 모든 족속으로 제자를 삼아 그들을 구원하라는 것입니다.

무슨 말씀입니까? 전도하라는 것입니다. 주님은 마지막으로 우리들에게 전도하라고 말씀하셨습니다. 그래서 은혜 받은 사람은 전도하고 은혜가 식은 사람은 전도하지 않습니다.

전도하기 위해서 특별한 재주가 필요한 것은 아닙니다. 전도란 그저 주님의 심정을 가지고 주님의 말씀대로 순종하면 되는 것입니다.

> 오직 성령이 너희에게 임하시면 너희가 권능을 받고 예루살렘과
> 온 유대와 사마리아와 땅 끝까지 이르러 내 증인이 되리라
> (행 1:8)

내 증인이 되라는 것, 이것이 주님의 마지막 부탁이자 명령입니다. 전도가 주님의 유언이며 명령임을 잊지 마십시오.

주님의 심정으로 전도하라

전도(영혼 구원)는 주님의 심정으로 해야 합니다. 전도는 지식으로 하는 것이 아니라 주님의 마음으로 해야 된다는 것입니다.

> 내가 복음을 전할지라도 자랑할 것이 없음은 내가 부득불 할 일임
> 이라 만일 복음을 전하지 아니하면 내게 화가 있을 것임이로라
> (고전 9:16)

내가 복음을 전하지 않으면 내게 화가 있다는 사도 바울의 고백

이야말로 주님의 심정을 가진 사람이 할 수 있는 최고 수준의 고백입니다.

모세는 이렇게 기도했습니다.

> 그러나 합의하시면 이제 그들의 죄를 사하시옵소서. 그렇지 않사
> 오면 원컨대 주의 기록하신 책에서 내 이름을 지워 버려 주옵소서
> (출 32:32)

정말 수준 있는 기도 아닙니까?

하나님의 구원의 역사는 참으로 우리가 알 수 없는 방법으로 진행되어갑니다. 이스라엘 백성이 잘못하면 자기들이 알아서 회개하고 구원 받아야 될 것인데 하나님은 그렇게 하지 않으시고 아무런 잘못도 하지 않은 모세로 하여금 그들을 위하여 생명 걸고 기도하게 하십니다. 그렇게 해서 그들을 구원해내는 것이 하나님의 구원의 역사입니다.

왜 이러한 방식으로 구원의 역사를 이루어가십니까? 하나님은 죄인은 멸하십니다. 하지만 죄가 없는 사람은 멸하실 수 없습니다. 그런데 지금 모세는 뭐라고 기도하고 있습니까? 자신을 멸해서라도 저들을 살려달라고 간구합니다. 하나님은 모세를 멸할 수 없으시니까 그들을 살리시는 것입니다. 이것이 하나님의 구원 계획입니다.

생각해 보십시오. 우리들은 마땅히 죽어야 할 죄인입니다. 내가 죄를 지었으니 내가 죽는 것이 당연합니다. 하지만 죄 없는 예수님

이 죽으셨습니다. 그러니까 하나님도 우리를 살리실 수밖에 없습니다. 이것이 바로 하나님의 구원의 역사입니다.

즉 내 믿음으로 내가 구원 받고, 네 믿음으로 네가 구원 받는 것이 아니라, 예수님이 나를 위해서 기도해주고, 내가 그를 위해서 기도해주고, 모세가 이스라엘 백성을 위해서 기도해주는 것, 이렇게 구원의 역사가 사랑의 띠를 띠고 돌아가면서 이루어지게 하는 것이 바로 하나님의 역사입니다. 때문에 구원받은 사람이라면 마땅히 이렇게 기도할 수 있어야 됩니다.

"하나님 믿지 않는 내 부모 형제를 구원시켜 주시옵소서. 그렇지 않으려면 차라리 나를 데려 가시옵소서."

하나님은 이렇게 드리는 간절한 기도를 반드시 들어주십니다.

하나님의 정신을 그대로 담은 민족이 바로 이스라엘입니다. 이스라엘과 아랍은 지금도 계속해서 싸우고 있습니다. 아랍에는 이스라엘 포로가 있고 이스라엘에는 아랍의 포로가 있습니다.

아랍 사람은 자신들에게 있는 포로와 이스라엘에 있는 포로들을 서로 맞바꾸자고 제안합니다. 이스라엘 사람들은 한 사람 구원하기 위해서라면 어떤 희생이라도 치르는 민족 아닙니까? 그런데 바꾸지 않겠다고 합니다. 그리고는 그냥 쳐들어가서 포로를 빼내와 버렸습니다.

왜 안 바꿨습니까? 아랍의 포로들은 잘못해서 잡혀있는 것이지만 아랍에 잡혀있는 이스라엘 민족들은 아무런 잘못 없이 잡혀 있기 때문에 바꿀 수 없다는 것입니다. 만일 그들의 제안대로 그렇게 맞바꾼다면 둘 다 잘못 있는 죄인이 되므로, 죄인을 죄인과 바꾸는 것이 되기 때문에 바꿀 수 없다는 겁니다.

즉 죄인과 죄인은 맞바꿀 수 있지만 죄인과 의인은 바꿀 수 없다는 것이 이스라엘 백성들의 사고방식입니다. 이런 사고방식은 하나님에게서 나온 것입니다. 의인이 죄인을 위하여 생명을 걸고 기도하면 살려줄 수밖에 없다는 것이 하나님의 비밀스런 원리입니다.

사도 바울도 이러한 수준에서 다음과 같이 말합니다.

> 나의 형제 곧 골육의 친척을 위하여 내 자신이 저주를 받아 그리
> 스도에게서 끊어질지라도 원하는 바로라(롬 9:3)

내 가족, 골육, 친척, 동족의 구원을 위해서라면 생명도 아낌없이 바치겠다니 참 대단하지 않습니까? 우리의 수준도 이 정도에 이르렀으면 좋겠습니다. 동족의 구원을 위해서 민족 구원을 위해서 생명을 거는 수준 높은 사람이 되었으면 좋겠습니다.

생명도 걸만한 곳, 수준 있는 곳에 걸어야 되는 것 아닙니까? 믿음의 최고의 수준의 사람들은 영혼 구원을 위해서, 전도하려고, 자기 민족의 구원을 위해서 생명을 걸었습니다. 하나님이 어떤 분입니까? 전능하신 분입니다. 전능하신 하나님께서 말씀으로 천지를 지으셨습니다. 그러한 하나님일지라도 말씀으로 하실 수 없는 것이 단 하나 있었는데 그것은 바로 나 같은 죄인을 구원하는 것입니다.

"죄인들아 구원 받아라."

이렇게 말로는 구원이 되지 않습니다. 어떻게 천지 창조는 말씀으로 되는데 죄인 구원은 말씀으로 안 되는가 의문이 있을 수도 있지만 그것만은 안 됩니다. 때문에 하나님이 인간의 몸을 입으시고 이 땅에 오셨습니다. 그렇게 오셔서 자기가 지은 인간으로부터 멸시 천대 모욕을 모두 당하고 자기가 지은 인간에게 잡혀서 죽으셨습니다. 그리고 3일 후 부활하셔서 완성한 것이 바로 십자가의 구속이며 구원의 도리입니다.

하나님에게는 어려운 일이 도무지 없습니다. 하나님은 굴러다니는 돌을 가지고 아브라함의 자손을 만들 수 있는 분입니다. 있는 것을 없게도 하시고, 없는 것을 있게도 하십니다. 그렇게 전능하신 하나님에게 가장 힘든 일은 바로 우리들을 구원하시는 것입니다. 이것이 하나님에게 가장 힘든 일이었습니다. 이렇게 힘들게 완성된 것이 바로 우리들의 구원입니다.

우리들이 이러한 구원의 복된 소식을 전하기만 하면 믿지 않는 사람들이 구원을 받을 것인데 전하지 않고 있으니 주님의 심정을 너무 모르는 것 아닙니까?

잘했나 못했나, 높은가 낮은가, 있는가 없는가를 따지지 마십시다. 주님의 심정을 가지면 전도할 수밖에 없습니다. 주님의 심정, 사랑의 심정으로 영혼을 바라보면 그가 어떤 사람이든지 구원해야 마땅합니다.

전도, 영혼 구원은 주님의 심정을 가진 자만이 할 수 있습니다. 지식이 어느 정도인가, 주님의 말씀대로 사는가 살지 않는가 하는 것은 그다지 중요하지 않습니다. 한 영혼이라도 구원해보겠다고 하늘 보좌를 버리고 이 땅위에 오신 주님의 심정, 인자의 온 것은 잃어버린 자를 찾아 구원하려 왔다고 하는 그 심정만 가진다면 누구라도 전도할 수 있습니다. 주님의 심장을 품으십시오.

전도는 하나님의 기쁨

전도, 영혼 구원은 미련한 것이지만, 그것이 바로 하나님의 뜻입니다.

> 하나님의 지혜에 있어서는 이 세상이 자기 지혜로 하나님을 알지 못하는 고로 하나님께서 전도의 미련한 것으로 믿는 사람들을 구원하시기를 기뻐하셨도다(고전 1:21)

제 생각에도 전도는 미련한 방법처럼 보입니다. 하지만 하나님은 그 미련한 방법을 통해서 오늘도 믿는 사람들을 더하여가십니다. 전도를 하는가 하지 않는가로 은혜 받은 사람인지 아닌지를 가늠할 수 있습니다. 시험에 빠진 사람은 전도하지 않습니다.

신학대학에 입학하자마자 전도단을 조직했습니다. 10여명 회원들과 함께 서울의 종각 앞과 옛날 코스모스백화점 자리에서 전도를 했습니다. 하늘색 함석으로 만든 메가폰에는 '코스모스 전도단'이라고 적었습니다. 그렇게 우리들은 복음을 전했습니다.

사실 저는 본디 말이 별로 없습니다. 그래서 강단에 서서 설교하는 모습만 본 사람들은 평상시 제 모습을 보면서 무섭다고 할 정도입니다. 사실 화가 났다거나 무서운 성품이라서가 아니라 본디 말이 없습니다. 그런데 이제 막 20세가 넘은 대학교 1학년이니 얼마나 감수성이 예민했겠습니까? 그런 내가 수천 명이 오고가는 번화가 한 복판에서 메가폰 하나 들고 전도했습니다.

"주예수를 믿으라. 그리하면 구원을 얻으리라."

"모든 인생은 불안과 공포의 기차를 타고 병의 터널을 지나 마지막 죽음이라는 종착역에 이르게 됩니다. 여러분은 죽고 난 다음에 어디로 가는지 아십니까? 죽으면 인생이 끝나는 것이 아니라 지옥의 형벌이 기다리고 있습니다. 이 사실을 깨닫고 지금 예수 믿고 구원 받으십시오."

한번은 전도하다가 고성방가한다는 신고로 붙잡혀 갔던 적도 있습니다. 경찰이 와서 잡혀가기는 했는데 가서 보니까 법적으로 음향기기나 확대기를 사용하여 고성방가를 하면 법에 걸리지만 그러한 도구 없이 소리만 지르는 것은 괜찮다고 합니다. 그래서 풀려난 적도 있습니다.

어떤 사람들은 이렇게 핀잔을 주었습니다.

"저런 식으로 전도하면 오히려 하나님의 영광을 가리는 거야. 저렇게 한다고 해서 누가 예수 믿나? 저건 미친 짓이야. 무식한 방법이지. 저것은 20세기 전도 방법이 아니야."

말은 맞습니다. 복잡한 거리에서 외치는 소리를 듣고 누가 회심하여 예수 그리스도를 영접하겠습니까? 제가 봐도 어리석은 짓입니다. 하지만 하나님은 자꾸만 그렇게 외쳐야 한다고 말씀하셨고 저는 그 말씀에 순종했습니다.

그런데 놀라운 사실은 이것입니다. 사람들이 물결처럼 흘러가는 거리에서 저는 그저 외칠 뿐입니다. 그렇게 외치고 있으면 누군가 호주머니를 만지는 것이 느껴집니다. 아무리 뒤져도 가져갈 것이 없으니 신경 쓰지 않고 하던 전도를 계속 합니다. 그렇게 전도를 끝내고 주머니를 뒤적거리면 그 안에 돈이 들어있습니다. 그 돈을 꺼내어 세어보면 얼마나 놀라운지 모릅니다.

우리 대원들이 자장면 곱빼기 사먹고 버스표 사면 정확하게 맞아 떨어지는 액수입니다. 항상 모자라지도 않고 남지도 않습니다. 어쩌다 한두 번 그런 것이라면 우연이라고 하겠습니다. 하지만 어떻게 매번 그럴 수 있는지 참으로 신기합니다. 그러니 그것이 하나님의 역사가 아니라면 무엇으로 설명하겠습니까? 하나님께서 기뻐하시는 일 아닙니까?

한번은 어떤 사람이 제 귀에 이런 말을 하고 간 적이 있습니다. 그 목소리가 아직도 쟁쟁합니다.

"청년의 말을 들으니 내 마음이 찔리는군. 사실 나도 서울로 올라오기 전에는 예수를 믿었었어. 그런데 서울에서 객지 생활하다 보니까 믿음 다 까먹고 지금은 타락된 생활을 하고 있지. 그런데 청년의 말을 들으니 내 마음이 찔리네. 내가 해야 할 복음 전도를 청년이 하고 있네. 이것 마치면 자장면이라도 한 그릇 사먹어."

그러더니 돈을 넣어줍니다.

그 때 저는 깨달았습니다. 사람들이 듣지 않는 것 같지만 외치면 다 듣는다는 것입니다. 사람들은 미쳤다고 하지만 들을 귀 있는 자는 그 말을 듣고 구원을 받습니다.

시대에 뒤떨어진 방법이라는 말, 오히려 하나님의 영광을 가린다는 말이 어느 정도 일리가 있기도 합니다. 하지만 하나님은 예나 지금이나 동일하게 전도의 미련한 방법으로 구원하시기를 기뻐하셨습니다.

어떤 분은 전도는 생활로 해야 한다고 말합니다. 그런데 솔직히 묻겠습니다. 생활을 바르게 해서 전도한다면 죽기 전에 과연 전도가 되겠습니까? 물론 우리들의 생활은 바뀌어야 합니다. 그리스도인이라면 마땅히 빛과 소금의 인생이 되어야 합니다. 그 말 자체를 부인하는 것은 아닙니다. 하지만 그렇게 전도한다면 죽기 전에 전도할 사람이 과연 몇 명이나 있겠습니까?

"나 같으면 예수님을 믿을 수 있지 않아?"

이렇게 말할 때가 언제쯤 오겠습니까?

전도부터 시작하고 생활을 바르게 고쳐나가는 것이 순서입니다. 때문에 늘 우리는 부족하지만 전하는 것입니다. 풍족할 때 전한다면 평생 기다려도 그 때가 오지 않습니다. 항상 부족함을 안고 죄인 된 자세로 전도하십시오.

"나도 죄인이지만 자네도 죄인 아닌가? 나도 죄인이지만 예수 믿고 구원 받는 것처럼 자네도 예수 믿고 구원 받게."

때로는 술 때문에 교회를 나오지 못하겠다고 하는 사람들도 있습니다. 그렇다면 그 사람들에게는 이렇게 말하십시오.

"이 사람아 나도 열 받으면 한 잔씩 해. 하지만 그냥 나가자고. 그러다 보면 언젠가 끊어지지 않겠는가?"

이것이 전도입니다. 사실 목회자보다 형편과 처지가 비슷한 평신도들이 오히려 더 쉽게 전도합니다. 목사가 전도하면 이렇게 말하는 사람들이 있습니다.

"목사님 같이 살 자신이 없습니다."

아예 엄두도 내지 못하고 교회에 나올 수 없다고 합니다. 하지만 자신과 비슷한 사람이 전도를 하면 그들도 더 쉽게 말씀을 받아들이고 교회를 나가볼까 하는 마음을 갖습니다.

전도의 미련한 것, 우리가 볼 때는 전도가 미련하지만 하나님은 지금도 그 방법으로 사람을 구원하는 것을 기뻐하십니다.

> 그런즉 저희가 믿지 아니하는 이를 어찌 부르리요 듣지도 못한 이를 어찌 믿으리요 전파하는 자가 없이 어찌 들으리요 보내심을 받지 아니하였으면 어찌 전파하리요 기록된 바 아름답도다 좋은 소식을 전하는 자들의 발이여 함과 같으니라(롬 10:14, 15)

> 그러므로 믿음은 들음에서 나며 들음은 그리스도의 말씀으로 말미암았느니라(롬 10:17)

죄인이 전도하든 의인이 전도하든 복음을 전하는 자가 있어야 들는 자도 있을 것이고 그래야 구원이 이루어지지 않습니까? 의인만 전도한다면 이 세상에서 전도할 자격을 갖춘 사람은 오직 예수님 밖에 없습니다. 죄인이지만, 전에 다섯 남편이 있었지만, 그래도 전도할 때 하나님은 그런 사람을 들어 쓰십니다.

> 하나님 앞과 산 자와 죽은 자를 심판하실 그리스도 예수 앞에서
> 그의 나타나실 것과 그의 나라를 두고 엄히 명하노니 너는 말씀을
> 전파하라 때를 얻든지 못 얻든지 항상 힘쓰라(딤후 4:1, 2)

본문은 이렇게 말씀하십니다.

> 인자의 온 것은 잃어버린 자를 찾아 구원하려 함이니라(눅 19:10)

인자는 세상을 심판하러 오신 것이 아닙니다. 잘한 것과 잘못한 것을 따지려고 오신 것도 아닙니다. 인자는 잃어버린 자를 찾아 구원하기 위해서 오셨습니다. 그런데 왜 우리들은 자꾸만 이것저것 따지고, 저렇게 믿으면 안 되네 되네 하면서 정말 중요한 구원을 놓치고 있습니까? 성경 어디를 보더라도 '그런 식으로 믿느니 안 믿는 게 낫다'고 말씀하신 적이 없습니다. 그런 식으로든 저런 식으로든 믿음은 모두 귀한 겁니다.

하나님의 자녀가 되었는가 되지 못하였는가 하는 것은 좋은 자식인가 나쁜 자식인가 하는 것과는 비교할 수 없을 정도로 중요한

것입니다. 아무리 못난 자식도 자식은 자식이고, 아무리 훌륭해도 남은 남일 뿐입니다. 하나님의 자녀가 되는 것은 바른 자녀가 되는 것보다 엄청나게 중요합니다.

구원의 3단계

전도만 하면, 복음만 전하면, 그냥 무조건 구원이 됩니까? 아닙니다. 베드로의 설교를 들은 이스라엘 백성들이 마음에 찔려 묻습니다.

> 저희가 이 말을 듣고 마음에 찔려 베드로와 다른 사도들에게 물어 가로되 형제들아 우리가 어찌할꼬 하거늘 베드로가 가로되 너희가 회개하여 각각 예수 그리스도의 이름으로 침례를 받고 죄 사함을 얻으라 그리하면 성령을 선물로 받으리니 (행 2:37, 38)

회개

구원을 삼단계로 표현하고 있습니다. 첫째는 회개입니다. 복음을 들으면 회개부터 시작합니다. 회개란 믿지 않는 불신앙의 삶에서 믿는 신앙의 삶으로, 타락된 세상의 삶에서 말씀 안으로 들어오는 삶이 되는 것입니다.

삭개오가 주님을 만난 후 가장 먼저 무엇을 하였습니까?

> 삭개오가 서서 주께 여짜오되 주여 보시옵소서 내 소유의 절반을

가난한 자들에게 주겠사오며 만일 뉘 것을 토색한 일이 있으면 사
배나 갚겠나이다(눅 19:8)

이 말씀이 영어 성경에는 이렇게 번역되어 있습니다.

"But Zacchaeus stood up(삭개오가 섰습니다) and said to
the Lord(그리고 주님에게 말합니다) Look, Lord(주님이여 보시
옵소서) Here and now(지금 이 자리에서—우리 성경에는 이 느낌
이 조금 빠졌습니다: 저자 주) I give half of my possessions to
the poor(내가 가지고 있는 전 재산의 전반을 가난한 사람에게 주
겠습니다) and if I have cheated anybody out of anything(그
리고 내가 남의 것 취해서 속여서 뺏은 것이 있다면 네 배로 주겠
습니다)"

이때 "Here and now" 즉 '지금 이 자리' 라는 말씀에 주목하십
시오. 참으로 중요한 말씀입니다.

'나중에 회개해야 되겠구나.'

이렇게 생각하는 사람이 있습니다. 하지만 회개는 반드시 지금
이 자리에서 해야 합니다. 삭개오가 절반은 가난한 사람에게 주겠
다고 했습니다. 그러니 그에게 남은 것은 절반뿐입니다. 그런데 남
에게 토색한 것이 있으면 네 배로 갚겠다고 합니다. 그러니 삭개오
에게 남은 재산의 사분의 일만 토색한 적이 있을지라도 그는 무일
푼 거지가 되고 맙니다.

이것은 오히려 삭개오의 한스러운 표현이라고 볼 수 있습니다.

즉 삭개오는 자신은 다른 사람들이 생각하는 것처럼 부정과 투기로 돈을 벌지 않았다고 하는 항거입니다. 사람들은 그가 세리장이니까 착취하여서 번 돈일 것이라 생각하지만 자신은 그렇지 않다는 것입니다. 그 증거로 토색한 것 있으면 네 배로 갚겠다고 합니다. 그러니 이제 당신들의 고정 관념으로 보지 말라는 것입니다.

'저런 사람이 예수 믿을까?'

이렇게 생각하는 사람들이 많습니다. 하지만 복음만 선포되면 믿습니다.

이 세상 사람들은 단 한 사람도 예외 없이 주님이 필요합니다. 삭개오는 맨 먼저 주님께 회개했습니다. 이 회개가 얼마나 중요한지 모릅니다.

마태복음 19장을 보면 어떤 부자 관원이 나옵니다. 그가 주님께 와서 묻습니다.

"내가 어떻게 해야 영생을 얻을 수 있습니까?"

그때 주님이 이렇게 대답하십니다.

"계명을 지켜라."

"무슨 계명이요?"

"간음하지마라, 살인하지 마라, 도둑질하지 마라, 부모를 공경하라."

"그것들을 어렸을 때부터 모두 지켰습니다."

"그러냐? 네가 온전하고 싶다면 네 재산을 모두 팔아서 가난한 사람에게 나눠주어라. 그리고 나를 쫓으라."

어려서부터 모든 계명을 지킨 청년이 고민하면서 돌아갔습니다. 그 때 주님께서 이런 말씀을 하십니다.

"부자가 천국 가기가 낙타가 바늘구멍으로 들어가는 것보다 어렵구나."

제자들이 주님에게 묻습니다.

"그럼 우리는 어떻게 됩니까? 우리는 주님을 위해서 모든 것을 버렸습니다."

주님이 이렇게 말씀하십니다.

"나를 위해서 부모나 형제나 자식이나 전토를 버린 자는 땅에서 백 배나 받고 영생을 소유하지 못할 자가 없다."

그리고 결론으로 이렇게 말씀하십니다.

"사람으로는 하지 못할지라도 하나님으로는 하실 수 있다."

사람으로는 약대를 바늘구멍으로 못 집어넣지만 하나님은 집어넣으실 수 있다는 것입니다. 즉 사람은 부자를 천국에 보내지 못하지만 하나님은 보내실 수 있다는 것입니다. 그렇다면 가난한 사람은 그냥 천국에 갑니까? 아닙니다. 어차피 하나님이 도와주시지 않으면 갈 수 없습니다. 가난하면 무조건 천국에 가고 부자는 무조건 못 가는 것이 아닙니다. 누구도 천국에 갈 수 없지만 하나님으로서는 할 수 있다는 것이 말씀의 요지입니다.

계명을 모두 지킨 청년이 결정적으로 하지 못한 것이 무엇입니까? 재산을 나누는 것입니다. 그런데 삭개오는 무엇부터 회개했습니까? 재산부터 나누었습니다. 이것이 삭개오의 위대한 점입니다.

진정한 회개가 일어나야 됩니다.

침례(세례)

두 번째로 침례를 받아야 됩니다. 침례교단은 침례라고 하고 장로교단이나 감리교단이나 성결교단은 세례라고 합니다. 침례이든 세례이든 뭐라고 부르는가 하는 것이 중요한 것은 아닙니다. 침례(세례)의 의미가 무엇입니까? 그리스도와의 연합입니다. 침례(세례)에 대하여 좀더 알기 원한다면 로마서 6장을 읽어보십시오.

침례(세례)란 내가 예수와 더불어 죽었다가 예수와 더불어 산다는 신앙 고백을 의식으로 표현하는 것입니다. 때문에 회개한 후에는 반드시 침례(세례)를 받아야 합니다. 이것은 주님께서 주신 말씀이므로 무조건 순종해야 합니다. 여기에 다른 이유가 없습니다. 하나님이 말씀하시면 '아멘' 하고 순종할 뿐입니다. 하나님이 하라고 하시면 반드시 해야 합니다. 침례(세례)는 신앙 고백입니다.

성령

세 번째로 성령을 받아야 됩니다. 즉 주님을 마음속에 모셔야 된다는 것입니다.

> 예수님께서 그곳에 이르사 우러러 보시고 이르시되 삭개오야 속
> 히 내려오라 내가 오늘 네 집에 유하여야 하겠다 하시니 급히 내
> 려와 즐거워하며 영접하거늘(눅 19:5, 6)

볼지어다 내가 문밖에 서서 두드리노니 누구든지 내 음성을 듣고
문을 열면 내가 그에게로 들어가 그로 더불어 먹고 그는 나로 더
불어 먹으리라 (계 3:20)

우리가 주님을 향하여 마음 문을 열고 '주여 들어오시옵소서' 라
고 할 때 주님께서 내 마음속에 들어오십니다. 성령으로 내 안에
들어오셔서 나를 구원의 자녀로 인쳐 주시고 나를 인도하시고 보
호하시고 지켜주시다가 영원한 천국 본향으로 이끌어주심을 믿으
십시오.

"급히 내려와 즐거워하며 영접하거늘"

이 말씀이 영어성경에는 이렇게 번역되어 있습니다.

"So he came down at once and welcomed him gladly"

삭개오는 아무런 부족함 없이 살았던 자입니다. 하지만 그의 마
음속에는 알 수 없는 공허함이 있었습니다. 그래서 왜 그런가 생각
했는데 예수님을 영접하자 마음이 즐거워졌습니다. 그래서
"welcomed him gladly"라고 합니다. 비로소 삭개오가 인생의 본
질을 찾은 것입니다.

웃음과 기쁨의 차이점을 아십니까? 성경은 우리에게 '웃으라' 고
말씀하지 않습니다. 대신 '기뻐하라!' 고 말씀하십니다.

"내가 너희에게 웃음을 주노니"라고 하지 않으시고 "내가 너희
에게 기쁨을 주노니"라고 말씀하십니다. 웃음은 얼굴로 하는 것입
니다. 하지만 기쁨은 마음으로 하는 것입니다. 그런데 기쁨이 어디

서 생깁니까? 주님을 마음속에 모실 때 비로소 기쁩니다.

삭개오는 마음에 예수님을 영접하면서 그 마음이 기쁘게 되었습니다. 그제서야 삭개오의 본질이 채워졌습니다.

주 예수 내 맘에 들어와 계신 후 변하여 새사람 되고
내가 늘 바라던 참 빛을 찾음도 주 예수 내 맘에 오심
주 예수 내 맘에 오심 주 예수 내 맘에 오심
물 밀 듯 내 맘에 기쁨이 넘침은 주 예수 내 맘에 오심

하나님은 우리에게 '물 밀 듯 내 마음에 웃음'이 넘치도록 하시는 분이 아니라 '물 밀 듯 내 맘에 기쁨'이 넘치게 하시는 분입니다. 기억하십시오. 웃음은 얼굴로 오는 것이고 기쁨은 마음으로 오는 것입니다. 주님은 기쁨을 주십니다.

설교 역시 성도들에게 웃음을 주는 것이 아니라 기쁨을 줘야 합니다. 기쁨을 주려면 말씀 속에 주님이 들어오셔야 합니다. 주님이 역사하셔야 합니다. 그래서 모든 영광은 주님 앞에 돌려야 합니다.

웃음을 따라가는 것이 아니라, 웃음을 추구하는 것이 아니라, 기쁨을 따라가고 기쁨을 추구합시다. 기쁨은 오직 예수 그리스도를 마음속에 모셔들일 때에만 가능합니다. 그럴 때 인생의 본질을 찾을 수 있고 얼굴에 가식 없는 웃음이 솟아납니다.

자랑

형제들아 너희를 부르심을 보라 육체를 따라 지혜 있는 자가 많지 아니하며 능한 자가 많지 아니하며 문벌 좋은 자가 많지 아니하도다 그러나 하나님께서 세상의 미련한 것들을 택하사 지혜 있는 자들을 부끄럽게 하려 하시고 세상의 약한 것들을 택하사 강한 것들을 부끄럽게 하려 하시며 하나님께서 세상의 천한 것들과 멸시 받는 것들과 없는 것들을 택하사 있는 것들을 폐하려 하시나니 이는 아무 육체라도 하나님 앞에서 자랑하지 못하게 하려 하심이라 너희는 하나님께로부터 나서 그리스도 예수 안에 있고 예수는 하나님께로서 나와서 우리에게 지혜와 의로움과 거룩함과 구속함이 되셨으니 기록된 바 자랑하는 자는 주 안에서 자랑하라 함과 같게 하려 함이니라(고전 1:26-31)

배후에서 역사하시는 하나님

하나님께서는 여호수아에게 다음과 같이 말씀하셨습니다.

너의 평생에 너를 능히 당할 자 없으리니 내가 모세와 함께 있던

것같이 너와 함께 있을 것임이라 내가 너를 떠나지 아니하며 버리

지 아니하리니 마음을 강하게 하라 담대히 하라 너는 이 백성으로
내가 그 조상에게 맹세하여 주리라 한 땅을 얻게 하리라(수 1:5, 6)

여호수아는 자기 자신에 대하여 '내가 능히 당할 자가 없다' 고
여겼습니다. 뭐 하나 제대로 할 자신이 없습니다. 그런데 하나님은
이런 여호수아를 향하여 '너를 능히 당할 자가 없다' 고 말씀하십
니다. 이러한 하나님의 말씀을 들은 여호수아는 두려워하며 떨고
있습니다. 이 때 하나님은 여호수아에게 '너를 능히 당할 자가 없
으니 담대하라' 고 말씀하십니다.

여호수아가 보기에 모세는 능력이 있습니다. 공부한 것을 봐도
그렇고 광야에서 연단 받은 것을 봐도 그렇습니다. 하늘에서 불을
내리고 만나를 내리고 메추라기를 내리고 반석을 가르고 홍해 바
다를 가르는 능력을 행하는 모세를 여호수아는 보았습니다. 그런
모세에 비하여 자기 자신은 정말 별 볼 일 없어 보입니다. 그러니
까 자신 없다고 합니다. 자기는 도저히 할 수 없다고 합니다. 못하
겠다는 것입니다. 하나님은 이런 여호수아에게 말씀하십니다.

'너를 능히 당할 자가 없다.'

그런데 여호수아가 정말로 몰랐던 것이 있습니다. 지금까지 모
세가 행한 모든 능력은 모세 자신이 한 것이 아니라 모세의 배후에
서 하나님이 하신 능력이라는 사실입니다. 모세를 통하여 하나님
께서 행하신 것처럼 여호수아를 통해서 하나님께서 행하시겠다고
하심을 그는 아직까지 깨닫지 못하고 있습니다.

모세를 통하여 역사하신 하나님, 여호수아를 통하여 역사하신 하나님께서 오늘 우리와 함께하신다면 우리들도 무엇이든 능히 할 수 있음을 믿으십시오. 인간의 관점으로 보면 할 수 있는 게 없습니다. 하지만 하나님의 관점으로 보면 능치 못함이 없습니다.

믿음이란 결국 나의 관점을 빼버리고 하나님의 관점을 내 속에 입력시키는 것입니다. 그러니까 믿음이 있는 사람들은 뭐든지 해낼 수 있을 것만 같습니다. 자기 힘으로 할 수 있는 것이 아니고 그 안에서 역사하시는 하나님의 능력이 할 수 있는 것처럼 보이기 때문입니다. 여호수아도 자기 눈으로 본다면 할 수 있는 것이 단 한 가지도 없었습니다. 하지만 하나님의 눈으로 보면 못할 게 없습니다.

누구의 관점이 옳은가?

하나님의 관점과 여호수아의 관점, 이 둘 가운데 누구의 관점이 옳습니까? 물론 여호수아의 말도 맞고 하나님의 말씀도 맞습니다. 두 말이 모두 맞는 것 같은 것은 관점의 차이 때문입니다. 하지만 누구의 관점이 더 옳습니까?

두 말 할 것도 없이 하나님의 관점입니다. 왜냐하면 하나님은 전지하시고 전능하시고 거룩하시고 사랑이시기 때문입니다. 그 전능하신 사랑의 하나님께서 나를 사랑하십니다. 얼마만큼 사랑하시는가 하면 십자가에 죽기까지 사랑하십니다. 이 사실을 받아들일 때 신앙생활은 출발하는 것입니다.

신앙생활은 하나님의 사랑이 동기가 되어 출발해야 합니다. 하나님의 사랑이 신앙의 동기요 출발이 되어야지, 다른 데서 출발한다면 아무리 신앙생활을 오래 할지라도, 아무리 큰 일을 해낼지라도 잘못된 것입니다. 신앙생활의 동기 자체가 잘못 되었기 때문에 과정이나 결과도 잘못될 것은 자명한 사실입니다.

왜 신앙생활을 하던 사람들이 종종 시험에 듭니까? 사람들이 알아주지 않아서 시험에 듭니까? 목사님이 관심을 가져주지 않아서 시험에 듭니까? 교인들이 우리 사업장을 이용해주지 않아서 시험에 듭니까? 교인 중에 꼴 보기 싫은 사람이 있어서 시험에 듭니까? 이 모든 것들은 현상에 불과합니다. 성도들이 시험에 드는 것은 신앙의 동기, 신앙의 출발부터 잘못 되었기 때문입니다.

죄로 말미암아 영원히 죽을 수밖에 없는 나 같은 것을 사랑해서 구원해주신 하나님의 사랑이 신앙의 출발이 되어야 합니다. 하나님의 사랑에서 신앙이 출발한 사람들은 사람으로 인하여서, 어떠한 환경으로 인하여서 상처 받지 않습니다.

저는 평생 동안 하나님의 말씀을 전하면서 살아야 하는 사람입니다. 어느 목사님 못지않게 많은 설교를 합니다. 공예배, 부흥집회, 심방 설교까지 모두 합하면 적어도 한 달에 200번 이상의 설교를 합니다. 이렇게 많은 설교 가운데 가장 힘든 주제의 설교가 있다면 '언어폭력' 과 '자랑' 입니다.

어느 정도 설교자 본인이 실천하면서 설교해야 되는데 제 자신부터 그렇게 살지 못하면서 설교하려니까 여간 힘든 것이 아닙니다. 오죽하면 언어폭력이나 자랑에 대한 설교는 예순여덟 살 정도에 하려고 했던 적도 있습니다. 그 때 이렇게 하고 끝내려고 했습니다.

"죄송합니다. 그 동안 제가 자랑한 것이 있다면 용서해주십시오."

그런데 하나님께서 주시는 강권함이 저를 사로잡았습니다. 제 삶은 여전히 부족하지만 설교말씀을 전하는 가운데 제가 먼저 은혜를 받고 변화되기 위해서라도 이 말씀을 전하기로 결단하였습니다.

왜 자랑하는가?

제 물건이나 제 일을 드러내서 칭찬하는 것을 자랑이라고 합니다. 그렇다면 사람들은 왜 자랑을 하는 것입니까? 첫째는 별 볼 일이 없기 때문에 자랑하는 것입니다. 별 볼 일이 있는 사람들은 자랑하지 않습니다. 예수님은 자랑 그 자체이셨습니다. 하지만 그분은 자신에 대하여 한마디도 자랑하지 않으셨습니다. 예수님을 닮아가는 그리스도인이 되기로 결단하셨습니까? 그렇다면 자랑하지 않는 예수님의 모습을 닮아가십시오.

두 번째로 부족하기 때문에 자랑하는 것입니다. 누구나 자랑거리라고 느껴지는 것들을 자랑합니다. 자랑거리로 느껴지지 않으면 자랑하지도 않습니다. 그러니까 똑 같은 현상을 놓고 어떤 사람은 그저 그렇게 평범하니까 자랑할 것이 못되는데 또 다른 사람에게는 왜 그렇게 자랑거리가 됩니까? 자기 자신이 부족하니까 그것이 자랑할 것으로 느껴지는 것입니다.

날마다 잘해주는 신랑을 둔 사람은 신랑이 잘해준다고 자랑하지 않습니다. 왜냐하면 그것은 지극히 당연한 일상이기 때문입니다. 그런데 평상시에는 잘하지 못하다가 어쩌다 한번 잘해주면 온 세상이 떠나가게 자랑하는 사람들이 있습니다. 그 사람에게는 그것이 자랑거리가 되기 때문입니다. 그렇다면 그것이 왜 자랑거리가 됩니까? 평상시에 잘해주지 못했기 때문입니다. 하지만 날마다 신랑이 잘해주는 사람은 당연하니까 자랑하지 않습니다. 즉 자랑한다는 말은 역설적으로 부족하다는 의미입니다.

우리 교회에서 전도사님을 뽑을 때의 일입니다. 많은 이력서가 들어왔습니다. 그 가운데 충남대학교에서 컴퓨터를 전공한 전도사님이 있었습니다. 면접 때 제가 물었습니다.

"전도사님은 컴퓨터를 잘 하시겠네?"

"아닙니다. 그렇게 잘하지 못합니다."

이렇게 대답했습니다.

그 다음 사람을 면접하는 가운데 취미가 뭐냐고 물었더니 컴퓨터라고 합니다. 그래서 제가 물었습니다.

"그럼 컴퓨터를 잘하십니까?"

그랬더니 스스로 말하기를 굉장히 잘한다고 대답합니다. 이 때 제가 느낀 것이 있습니다. 아무려면 취미로 컴퓨터를 하는 사람이 4년 동안 배우고 전공한 사람의 실력을 따라가겠습니까? 하지만 전공자는 부족하다고 하고 취미로 하는 사람은 자신 있다고 합니다. 이처럼 자랑은 부족함을 드러내는 겁니다.

주님은 병자를 고쳐주신 후, 죽은 자를 살려주신 후, 꼭 이렇게 말씀하셨습니다.

"아무에게도 이야기하지 마라."

왜 이렇게 말씀하셨을까요? 당연한 것이기 때문입니다. 그런데 우리는 어떻습니까? 조그마한 자랑거리만 있어도 온 동네가 시끄럽습니다. 시끄러운 정도가 아니라 동네 사람들도 다니면서 얘기해 줬으면 좋겠다고 생각합니다. 왜 그렇습니까? 부족하기 때문입니다.

세 번째로 자기가 낮기 때문에 자랑합니다. 이미 높은 사람은 굳이 자랑해서 더 높일 필요가 없으므로 자랑하지 않습니다. 처음 만나는 사람에게 인사할 때 명함을 주지 않습니까? 왜 명함을 줍니까? 자기 자신을 알리기 위해서입니다. 왜 자기를 알립니까? 아직 자기에 대해서 상대방이 모르기 때문입니다. 왜 아직 자기를 모릅니까? 자기가 알려지지 않았기 때문입니다.

대통령이 명함 주는 것 봤습니까? 박찬호가 명함 주는 것 봤습니까? 박세리가 명함 주는 것 봤습니까? 이런 사람들은 명함을 주지 않습니다. 왜 그렇습니까? 명함을 주지 않아도 이미 상대방이 잘 알기 때문입니다. 이처럼 자랑한다는 것은 자기가 낮다는 것의 반증입니다.

사실 이 이론도 한 쪽만 맞습니다. 그렇다고 명함까지 건네지 않는다면 상대방이 나를 알 수 있는 길이 없습니다. 그러니까 명함을 건네지 말라는 뜻은 아닙니다.

자랑의 단계

자랑에도 몇 가지 단계가 있습니다.

첫째는 뻥치는 자랑입니다. 현실보다 과장시키는 자랑이 여기에 속합니다. 흔히 낚시하는 사람들이 놓친 물고기에 대해서 말할 때 그건 대다수가 뻥입니다.

"진짜 그놈이 걸렸다면 아마 망에도 안 들어갔을 거야."

남자들이 군대 생활에 대하여 이야기할 때에도 거의 대부분이 뻥입니다. 군대라는 곳은 똑똑한 사람도 없고 어리한 사람도 없습니다. 졸병은 제 아무리 똑똑해도 어리하고 고참은 제 아무리 어리해도 똑똑합니다. 지금은 모르겠지만 30년 전만 하더라도 이유 없이 맞고 이유 없이 때리는 곳이 바로 군대였습니다.

여자들이 시집오기 전에 살았던 얘기 역시 대부분이 뻥입니다.

"나는 시집오기 전에 물에 손도 넣어본 적이 없어."

두 번째로 그냥 자랑하는 말이 있습니다. 뻥은 아니지만 의도적인 자랑이 이에 속합니다. 내세우기 좋아하고 높임 받기 좋아하고 대접 받기 원할 때 주로 그런 방법들을 씁니다.

"너는 이 옷 얼마 줬냐고도 안 물어보냐?"

자랑하고 싶은데 상대방이 물어보지 않으면 은근히 이렇게 자랑합니다.

세 번째로 보통 일상적으로 하는 말이지만 자랑이 되는 경우가 있습니다. 뻥친 것도 아니고 은근히 자랑하려는 의도도 아니고 그저 있는 사실 그대로 이야기했는데 이것이 다른 사람에게는 자랑으로 보여지는 경우가 여기에 속합니다. 이것은 듣는 사람이 고깝게 받아들일 때 자랑이 됩니다. 자기는 사실 그대로 이야기했는데 듣는 사람 입장에서 "어지간히 자랑하네." 라고 받아들여진다면 받아들이는 사람에게 문제가 있는 것입니다. 그냥 액면 그대로 받아주면 되는데 그걸 자꾸 고깝게 듣는 사람이 문제인 것입니다.

네 번째로 겸손의 말이 있습니다. 있는 사실보다 낮추어서 말하는 것이 여기에 속합니다. 사실은 더 좋고 비싼 것인데 혹 상대방의 마음이 상할까봐 의도적으로 낮추어서 하는 말이 이에 속합니다.

사실은 백만 원 주고 산 옷입니다. 그런데 사실대로 말하지 않습니다.

"야 참 옷 좋다."

"싼 거야."

상대방을 배려하는 마음, 배려 깊은 언어, 배려 깊은 행동을 하는 우리가 되기를 바랍니다.

다섯 번째로 침묵의 언어가 있습니다. 좋든지 좋지 않든지 아예 말을 하지 않는 것입니다. '웅변이 은이라면 침묵은 금이다.' 침묵이 금같이 귀할 때가 있습니다.

> 만일 말에 실수가 없는 자면 곧 온전한 사람이라(약 3:2)
>
> 네 말로 의롭다 함을 받고 네 말로 정죄함을 받으리라(마 12:37)

사람이 의로워지는 것, 온전해지는 것 모두 말로 결정됩니다. 인생을 살고 목회하면서 깨달은 중요한 사실이 있습니다. 말이 곧 그 사람의 수준이더라는 것입니다. 물론 그 사람의 모습의 수준도 있고 행동의 수준도 있지만 정말 중요한 것은 말의 수준입니다.

말로 공 감는 짓을 하는 사람들이 있는데 얼마나 안타까운지 모릅니다. 예를 들면 이렇습니다. 실컷 작정기도를 하고서 이렇게 말로 공을 감습니다.

"기도해 봐야 아무 소용 없어!"

굳이 말하고 싶으면 이렇게 하십시오.

"기도해놓은 것이 다 어딘가 있겠지. 하나님이 들으셨겠지."

이것이 수준 있는 말입니다.

실컷 하나님 앞에 봉헌해놓고 이렇게 말로 공 감는 사람들이 있습니다.

"헌금 해봐야 아무 소용없더라."

같은 말을 하더라도 이렇게 하십시오.

"헌금한 게 어딘가 쌓여 있다가 축복으로 오겠지."

이것이 수준 있는 말입니다.

실컷 봉사해놓고 이렇게 말로 공 감는 사람들이 있습니다.

"괜히 시간만 손해 봤어. 봉사해봐야 아무 소용없더라고."

그런 소리 하지 마십시오. 지금까지 한 봉사를 그 말 한마디로 무너뜨리면 되겠습니까? 같은 말을 하더라도 이렇게 하십시오.

"봉사한 것이 어딘가에 있겠지."

왜 말이 중요합니까? 말이 그 사람의 수준, 그 사람의 삶을 결정해주는 아주 좋은 척도가 되기 때문입니다.

자랑하면 안 되는 이유
자랑에 대하여 본문을 살펴봅시다.

> 형제들아 너희를 부르심을 보라 육체를 따라 지혜 있는 자가 많지
> 아니하며 능한 자가 많지 아니하며 문벌 좋은 자가 많지 아니하도
> 다(고전 1:26)

육체를 따라 지혜 있는 자가 많지 않고 능한 자가 많지 않고 문벌 좋은 자가 많지 않다고 말씀하십니다. 고린도교회는 다른 지역보다 유난히 수준이 낮았습니다. 그러다 보니까 수준이 낮은 행동들이 많이 나왔습니다. 은사를 많이 추구하는가 하면 파당이 많아집니다. 왜 자꾸 파당이 많아집니까? 수준이 안 되기 때문에 화합하지 못하고 파당을 짓는 것입니다. 자꾸 패를 만드는 사람이 있습니까? 수준이 안 되기 때문에 그렇습니다. 포용력이 없기 때문에 그런 것입니다.

하나님이 행하신 것이므로

> 하나님께서 세상의 미련한 것들을 택하사 지혜 있는 자들을 부끄
> 럽게 하려 하시고 세상의 약한 것들을 택하사 강한 것들을 부끄럽

게 하려 하시며 하나님께서 세상의 천한 것들과 멸시 받는 것들과 없는 것들을 택하사 있는 것들을 폐하려 하시나니 이는 아무 육체라도 하나님 앞에서 자랑하지 못하게 하려 하심이라 (고전 1:27-29)

하나님은 세상의 지혜로운 자를 들어 쓰시는 것이 아니라 미련한 자를 택하셔서 지혜 있는 자들을 오히려 부끄럽게 하신다고 말씀하십니다. 강한 자들을 부끄럽게 하시는데 약한 자들을 들어 쓰신다고 하십니다. 천한 것들, 멸시 받는 것들, 없는 것들을 택하사 있는 것들을 폐하신다고 말씀하십니다.

성경에서 '이는' 이 나오면 항상 그 다음이 정답입니다.

이는 아무 육체라도 하나님 앞에서 자랑하지 못하게 하려 하심이니라(29절)

하나님 앞에서 인간이 자랑하는 것을 하나님은 용납하지 않으십니다. 그렇기 때문에 하나님 앞에서 자랑하지 말라고 말씀하십니다. 하나님 앞에서는 자랑하면 안 됩니다.

그렇다면 왜 하나님 앞에서 자랑하면 안 됩니까? 자랑은 교만이기 때문입니다. 자기가 한 줄로 아는 것이기 때문에 자랑하면 안 됩니다.

만일 누가 말하려면 하나님의 말씀을 하는 것같이 하고 누가 봉사

하려면 하나님의 공급하시는 힘으로 하는 것같이 하라 이는 범사
에 예수 그리스도로 말미암아 하나님이 영광을 받으시게 하려 함
이니 그에게 영광과 권능이 세세에 무궁토록 있느니라(벧전 4:11)

하나님께서 뭐라고 말씀하십니까?

"네가 뭘 했냐? 그것을 네 힘으로 한 줄로 생각하지 말고 하나님
이 힘 주셔서 했다고 생각해라."

즉 하나님께서 주신 힘으로 한 것이라고 생각할 때 자랑할 것이
없으며 이 모든 일들로 인하여 하나님 앞에 영광을 돌리게 된다는
것입니다. 아무리 노래를 잘할지라도 '내가 얼마나 노래를 잘하는
데' 라고 자랑하지 말고 이렇게 말하십시오.

"하나님께서 노래를 잘하게 해주셨습니다."

돈이 많다고 해서 그것을 자랑하지 말고 이렇게 말하십시오.

"하나님이 물질적인 복을 주셨습니다."

건강하다고 해서 그것을 자랑하지 말고 이렇게 말하십시오.

"하나님이 건강을 주셨습니다."

하나님 앞에서 내가 뭘 한 것처럼 하지 마십시오. 하나님이 우리
몸의 작은 세포조차 붙들어 주시지 않는다면 우리 몸은 곧 터지고
맙니다. 우리가 살아있을 수 있는 것은 하나님께서 나를 붙들고 계
시기 때문입니다. 우리가 말하는 것조차 하나님께서 힘을 공급하
여 주시기 때문입니다.

그런데 왜 자신의 힘으로 말하고 뭔가 해내는 것처럼 자랑합니

까? 하나님이 공급해주시는 힘으로 사는 것처럼 살아가십시오. 그런 자가 하나님 앞에서 무엇을 자랑하겠습니까?

> 만일 아브라함이 행위로써 의롭다 하심을 얻었으면 자랑할 것이 있으려니와 하나님 앞에서는 없느니라(롬 4:2)

하나님 앞에서 자랑하지 마십시오.

상대방에게 열등감을 주므로

왜 자랑하면 안 됩니까? 자랑하는 본인은 신나고 좋을지 모릅니다. 하지만 상대방에게는 열등감을 주기 때문에 자랑하면 안 됩니다.

현대인들이 견디기 힘든 것 가운데 하나가 비교 의식 속에서 오는 열등감입니다. 내 옷만 보면 입을 만하고 괜찮습니다. 그런데 다른 사람이 입은 옷을 보니까 화가 납니다. 이 모든 것들이 비교 의식에서 오는 열등감입니다.

나 하나만 볼 때는 그런대로 괜찮은 몸매인데 늘씬한 여자 옆에 서니까 견딜 수 없습니다. 그래서 지방제거수술이라도 하려고 합니다. 우리 집만 보면 살만합니다. 괜찮습니다. 그런데 다른 사람의 집들이를 다녀오고 나면 화가 나서 융자를 받더라도 당장 이사해야 합니다. 왜 이렇습니까? 비교 의식 속에서 오는 열등감 때문입니다.

끝없이 자랑하는 사람 때문에 고통을 겪어 보았습니까? 내가 힘들었다면 내 주변의 사람들 역시 내가 자랑할 때 얼마나 힘들었겠습니까?

최고의 매너를 가르치시는 하나님의 말씀이 있습니다.

> 그러므로 무엇이든지 남에게 대접을 받고자 하는 대로 너희도 남을 대접하라 이것이 율법이요 선지자니라(마 7:12)

이것이 최고의 매너입니다. 말씀을 적용하자면 남이 자랑하는 소리가 듣기 싫거든 너도 남 앞에 자랑하지 말라는 것입니다. 내가 좋아하는 것은 남도 좋아하지만 내가 싫어하는 것은 남도 싫어한다는 것입니다. 그러니까 내가 좋아하는 것을 남에게 행하십시오. 그리고 내가 싫은 것은 남에게 행하지 마십시오. 이것이 최고의 매너입니다. 자랑하는 사람 치고 미움 받지 않는 사람이 없습니다. 괜히 미움을 받는 것이 아닙니다. 자랑해서 미워하는 겁니다. 세상 사람들은 자랑과 기쁨을 그대로 용납해줄 만큼 사랑으로 성숙되어 있지 못합니다.

"이 옷 좋은 거야. 우리 신랑이 큰 맘 먹고 하나 사줬어."

이렇게 자랑하면 겉으로는 이렇게 말해줍니다.

"그래, 내가 봐도 좋다."

하지만 뒤에서 뭐라고 하는지 아십니까?

"아이고, 뭐 같이 생긴 게 옷 자랑 어지간히 하네."

우리에게 있어 좋은 일들을 진심으로 축하해주는 사람은 부모님과 목사님밖에 없습니다. 그러니까 부모님이나 목사님 외에는 자랑하지 마십시오. 목사님들은 성도들의 자랑을 들을 때 얼마나 기쁜지 모릅니다. 하지만 다른 사람들은 그렇지 않습니다.

> 너희의 자랑하는 것이 옳지 아니하도다 적은 누룩이 온 덩어리에
> 퍼지는 것을 알지 못하느냐(고전 5:6)

자랑이 교만에서 왔다면 교만이 온 덩어리에 퍼지게 되고, 자랑이 시기를 불러일으킨다면 시기는 온 덩어리에 퍼지게 된다는 말입니다. 자랑하지 마십시오.

성숙하지 못하다는 증거이므로
왜 자랑하면 안 됩니까? 사랑으로 성숙되지 못한 증거이기 때문입니다.

> 사랑은 오래 참고 사랑은 온유하며 투기하는 자가 되지 아니하며
> 사랑은 자랑하지 아니하며(고전 13:4)

이 말씀에 근거해 볼 때 자랑하는 것은 곧 사랑이 없다는 증거입니다. 사랑하는 사람 앞에서는 상대방의 심정을 헤아려 자랑할 것과 자랑하지 말아야 할 것을 구분합니다. 왜 그렇습니까? 상대방의 괴로운 심정을 이해하기 때문입니다.

내가 자랑할 때 상대편의 괴로운 심정을 안다면 먹어도 먹었다고 하지 않고 입어도 입었다고 하지 않고 있어도 있다고 하지 않습니다. 이유는 오직 하나, 상대방이 마음 아플까봐 걱정이 되기 때문입니다.

악인의 이기는 자랑도 잠시요 사곡한 자의 즐거움도 잠간이니라
(욥 20:5)

자랑하기 시작하면 오래 가지 못합니다. 돈 자랑하기 시작하면 그 돈이 오래 가지 못합니다. 장사 잘 된다고 자랑하기 시작하면 그 장사가 오래 가지 못합니다. 건강하다고 자랑하면 그 건강이 오래 가지 못합니다. 능력받았다고 자랑하면 그 능력이 오래 가지 못합니다. 말씀에 근거해서 인생을 살면서 깨달은 중요한 철학입니다.

내일 일을 너희가 알지 못하는도다 너희 생명이 무엇이뇨 너희는 잠간 보이다가 없어지는 안개니라…이제 너희가 허탄한 자랑을 자랑하니 이러한 자랑은 다 악한 것이라(약 4:14, 16)

그러므로 모든 육체는 풀과 같고 그 모든 영광이 풀의 꽃과 같으니 풀은 마르고 꽃은 떨어지되(벧전 1:24)

교만은 패망의 선봉이요 거만한 마음은 넘어짐의 앞잡이니라

(잠 16:18)

교만이든 거만이든 자랑할 때 나타나는 마음 아닙니까?

하나님께서 금하신 것이므로
왜 자랑하면 안 됩니까? 하나님께서 금하신 것이기 때문입니다.

> 여호와께서 이같이 말씀하시되 지혜로운 자는 그 지혜를 자랑치
> 말라 용사는 그 용맹을 자랑치 말라 부자는 그 부함을 자랑치 말
> 라(렘 9:23)

> 악인은 그 마음의 소욕을 자랑하며 탐리하는 자는 여호와를 배반
> 하여 멸시하나이다(시 10:3)

마음의 소욕을 드러내 뽐내는 것이 자랑이고, 지나치게 이득을
탐하는 것이 탐리입니다. 그런데 지나치게 이득을 탐하면 여호와
를 배반하게 된다는 것입니다. 신앙생활을 하더라도 순수해야 됩
니다. 신앙을 이익의 도구로 삼지 마십시오. 신앙생활은 시작도 과
정도 모두 끝까지 순수해야 됩니다.

> 여호와께서 모든 아첨하는 입술과 자랑하는 혀를 끊으시리니
> (시 12:3)

하나님께서 끊으시니 자랑은 오래 가지 못합니다.

　　각각 자기의 일을 살피라 그리하면 자랑할 것이 자기에게만 있고
　　남에게는 있지 아니하리니(갈 6:4)

이 세상에는 자랑할 것이 없으므로

왜 자랑하면 안 됩니까? 이 세상에 자랑할 것이 아무 것도 없기
때문입니다. 물론 평생 자랑하며 살아도 될 것이 있습니다.
사도 바울은 이렇게 자랑합니다.

　　내가 부득불 자랑할진대 나의 약한 것을 자랑하리라(고후 11:30)

그는 약한 것을 자랑했습니다.

　　내 은혜가 네게 족하도다 이는 내 능력이 약한 데서 온전하여짐이
　　라 하신지라(고후 12:9)

사도 바울은 자기의 약점을 자랑했습니다. 내 장점을 자랑하면
상대방은 열등감에 빠져 괴롭지만, 내 약점을 자랑하면 상대방은
동질감을 느끼든지 우월감을 느끼기 때문에 기쁩니다.
물론 지금은 시대가 변해서 세상은 약한 것을 자랑하는 자를 바
보 취급합니다. 병든 것을 자랑하면 함께 놀지 않으려고 하고, 가
난한 것을 자랑하면 상대하지 않습니다. 또 좋지 않은 것을 자랑하

면 무시합니다. 그래서 제가 내린 결론은 자랑할 것도, 좋을 것도, 나쁠 것도 없이 그저 말 안하는 것이 제일 좋은 것이라는 겁니다.

평생 자랑할 오직 한 가지

평생 원 없이 자랑해도 될 것이 있습니다. 그것이 뭡니까? 예수 그리스도의 십자가입니다.

> 그러나 내게는 우리 주 예수 그리스도의 십자가 외에 결코 자랑할
> 것이 없으니(갈 6:14)

> 나의 평생 자랑은 주의 십자가로다(찬송가 213장)

본문도 이렇게 말씀하십니다.

> 기록된 바 자랑하는 자는 주 안에서 자랑하라 함과 같게 하려 함
> 이니라(고전 1:31)

여기에 대하여 또 다른 성경은 이렇게 번역합니다.
"누구든지 자랑하려거든 주님을 자랑하십시오."
주님은 아무리 자랑해도 부족합니다. 주님은 아무리 과장해서 자랑할지라도 과소평가 된 것입니다. 희한한 것은 내 자랑은 시험에 들지만 주님을 자랑하면 은혜를 받습니다. 희한하지 않습니까?

나를 자랑하면 시기하지만 주님을 자랑하면 은혜를 받습니다. 그렇기 때문에 예수 그리스도를 자랑해야 됩니다.

> 그 성호를 자랑하라 무릇 여호와를 구하는 자는 마음이 즐거울지
> 로다(시 105:3)

하나님을 자랑하는 사람은 마음이 즐겁습니다. 설교할 때에도 내 자랑을 하고 나면 마음이 답답합니다. 그런데 원 없이 주님을 자랑하고 나면 얼마나 기쁜지 모릅니다.

> 내 영혼이 여호와로 자랑하리니 곤고한 자가 이를 듣고 기뻐하리
> 로다(시 34:2)

내가 여호와를 자랑하면 곤고한 자가 듣고 기뻐한다니 얼마나 좋습니까? 예수님을 자랑해서 곤고한 자에게 기쁨을 주십시오.

> 혹은 병거, 혹은 말을 의지하나 우리는 여호와 우리 하나님의 이
> 름을 자랑하리로다(시 20:7)

이렇게 좋은 하나님, 이렇게 좋으신 예수님을 뒤로 젖혀두고 아무 것도 아닌 세상의 것들, 안개꽃 같고 풀의 꽃 같은 것들을 자랑하며 살아오지는 않았습니까? 이제부터는 자랑할 것을 자랑하십

시다. 예수님을 자랑하십시다.

사도 바울은 예수님을 만나 보니까 얼마나 예수님이 좋은지 세상 모든 것들은 배설물로 여기고 오직 그리스도의 십자가만 알고 그리스도의 십자가만 자랑하겠다고 고백했습니다.

그런데 우리는 바울이 배설물로 여긴 그것들을 엄청난 것이라도 되는 듯 자랑하며 살지 않았습니까? 그러니 얼마나 잘못 살아온 것입니까? 이제부터라도 주님만 자랑합시다. 주님만 찬양합시다. 내 평생 주님만 자랑하기로 다짐하시기 바랍니다.

질병

그 즈음에 히스기야가 병들어 죽게 되니 아모스의 아들 선지자 이사야가 나아와 그에게 이르되 여호와께서 이같이 말씀하시기를 너는 네 집에 유언하라 네가 죽고 살지 못하리라 하셨나이다 히스기야가 얼굴을 벽으로 향하고 여호와께 기도하여 가로되 여호와여 구하오니 내가 주의 앞에서 진실과 전심으로 행하며 주의 목전에서 선하게 행한 것을 추억하옵소서 하고 심히 통곡하니 이에 여호와의 말씀이 이사야에게 임하니라 가라사대 너는 가서 히스기야에게 이르기를 네 조상 다윗의 하나님 여호와께서 이같이 말씀하시기를 내가 네 기도를 들었고 네 눈물을 보았노라 내가 네 수한에 십오 년을 더하고 너와 이 성을 앗수르 왕의 손에서 건져내겠고 내가 또 이 성을 보호하리라 나 여호와가 말한 것을 네게 이룰 증거로 이 징조를 네게 주리라 보라 아하스의 일영표에 나아갔던 해 그림자를 뒤로 십도를 물러가게 하리라 하셨다 하라 하시더니 이에 일영표에 나아갔던 해의 그림자가 십도를 물러가니라(사 38:1-8)

질병(疾病), 병 질(疾)에 병 병(病)이 만나서 이루어진 단어입니다. 신체 온갖 기능의 장애, 건강하지 않는 이상 상태를 질병이라고 합니다. 본래는 '히스기야의 질병'이라고 제목을 잡아야 하는데 그러면 제목이 너무 길뿐만 아니라 사실 질병이라는 것이 비단 히스기야만의 문제가 아니라 우리들의 문제도 될 수 있기에 '질병'이라고 정했습니다.

'히스기야'라는 이름은 '여호와는 나의 힘이시다'라는 뜻입니다. 그렇다면 히스기야 왕이 질병에 걸릴 수밖에 없던 상황에 대하여 살펴보고자 합니다.

질병이 걸릴 수밖에 없는 상황

히스기야가 질병에 걸릴 수밖에 없었던 상황은 아주 중요합니다. 왜냐하면 우리들도 이러한 상황이 되면 히스기야처럼 아플 수 있기 때문입니다. 히스기야는 유다 왕 아하스와 스가랴의 딸 아비야 사이에서 태어났으며 29년 동안 왕으로 한 나라를 다스렸습니다. 25살에 왕이 되어서 29년 통치하다가 54세에 죽습니다.

옛날에는 오래 사는 사람들이 많지 못했습니다. 아버지 아하스는 아주 좋지 않은 왕이었습니다. 우상을 섬기고, 하나님의 선지자들을 다 내쫓고, 성전 안에 우상의 기물을 들여 놓고, 이방 신들을 섬기는 선지자들을 육성했던 고약한 왕입니다. 그런데 어머니 아비야는 아주 경건한 여인이었습니다. 다행히도 히스기야는 어머니의 영향을 많이 받아서 믿음의 아들로 성장합니다.

제가 생각해 봐도 어머니의 자리가 참으로 중요합니다. 아버지는 좀 어설퍼도 어머니만 똑바르면 자녀들은 얼마든지 믿음으로 큽니다. 저 역시 어머니에게 참 많은 것을 배웠습니다. 오늘도 자녀들은 어머니의 가르침을 절대적으로 받습니다. 어머니가 훌륭하면 아이가 훌륭하게 자랄 수 있습니다. 하지만 어머니가 형편없으면 아이들 역시 형편없기가 쉽습니다.

아버지에 대한 노래는 별로 없습니다. 하지만 어머니에 대한 노래는 참 많지 않습니까? 왜 그렇습니까? 어머니와 가까이 지냈던 세월들, 어머니에게 받은 사랑이 마음속에 커다란 가르침이 되어 오랫동안 간직되어 있기 때문입니다. 히스기야의 아버지가 그렇게 악한 왕임에도 불구하고 히스기야가 좋은 왕이 될 수 있었던 것은 어머니의 신앙의 가르침 때문입니다. 가정에서 어머니의 역할은 이처럼 중요합니다.

그는 25살에 왕이 되어 종교개혁을 합니다. 이사야 선지자의 경고를 무시하고 앗수르를 배척하고 애굽과 조약을 맺다가 앗수르와 전쟁을 치르게 됩니다. 그때가 39살입니다. 히스기야 왕은 불가항력적인 전쟁이었지만 기도하고 몸부림치면서 싸워서 전쟁에서 이겼습니다. 그런데 그만 몸이 무너져버리고 만 것입니다. 건강이 무너졌습니다. 그 무너진 건강을 붙들고 다시 기도해서 생명을 연장받아내는 것이 본문의 내용입니다.

본문은 사람이 언제 죽을병에 걸리는가에 대해서 잘 보여주고 있습니다. 인생을 살면서 큰 문제가 닥쳐올 때 우리들이 신경을 집중하게 되면 그 일은 해결될지라도 속으로는 멍들게 됩니다.

가벼운 충격은 괜찮습니다. 조금 큰 충격도 괜찮습니다. 하지만 너무 센 충격이 가해지면 나가 떨어져 버립니다. 그 충격 뒤에는 무너진 건강만 남습니다. 히스기야가 바로 그 케이스입니다.

우리들이 이 세상을 살아가면서 당하는 충격이 굉장히 많은 것 같지만 따져보면 몇 가지로 정리가 됩니다. 우선 물질의 충격이 있습니다. 대개 사람들이 돈 때문에 충격을 받습니다. 하지만 돈은 돌고 도는 것이기에 언젠가는 돌아서 다시 옵니다. 문제는 돈을 잃은 후 하도 신경을 써서 건강이 무너지고 결국 돌아오는 돈도 잡지 못한다는 데 있습니다. 그러니 이 얼마나 어리석은 인간입니다.

"그 사람 그렇게 고생하더니 살만 하니까 죽었네."

고생 하면서 자신의 모든 에너지를 써버린 것입니다. 에너지를 다 써버린 후 돈이 돌아 왔는데 그 돈을 쥐고 살아갈 힘이 없어서 끝나버리고 맙니다.

또 하나의 충격을 들라면 부부의 불협화음에 의한 충격이 있습니다. 남편이 바람을 피웠던지, 여자가 바람이 났던지 그럴 때 충격을 받습니다. 하지만 아무리 바람을 피더라도 그냥 두십시오. 세월이 지나 철들면 돌아옵니다.

인생은 길게 보면 별 것 아닌데 짧게 보면 굉장히 큰 문제입니다. 시험에 떨어진 것도 길게 보면 별 것 아닙니다. 하지만 짧게 보면 절망입니다. 오죽하면 자살까지 하겠습니까? 시험을 잘 못 봐서 자살한 아이들이 하나 둘이 아닙니다. 왜 그렇습니까? 인생을 제대로 보지 못했기 때문입니다.

시험에서 떨어진 것이 자살할 일입니까? 지구상에는 시험에 떨어진 사람이 안 떨어진 사람보다 훨씬 더 많습니다. 시험에 떨어지고도 훌륭한 사람이 얼마나 많은지 아십니까? 길게 보십시오. 어떻게 매번 시험을 잘 봅니까? 때로는 실수할 수도 있고 또 잘 볼 수도 있습니다. 인생을 길게 보십시오.

인생을 길게 보는 사람들은 이렇게 말합니다.

"뭔 수가 있겠지."

반면 인생을 짧게 보는 사람은 이렇게 말합니다.

"이럴 수는 없어."

기도하고 인내하고 참아보십시오. 도저히 좋아지지 않을 것 같은 부부관계도 그 고비만 넘기면 '우리가 이렇게 잘 지낼 수 있을까' 하게 됩니다. 그 고비만 넘기십시오.

하나를 깨달으면 열을 알 수 있듯 삶의 원리가 다 그렇습니다. 돈을 벌어들이는 것은 한계가 있는데 엉뚱한 데다 돈을 쓰고 나면 정작 써야 될 곳에 못쓰게 됩니다. 이것을 가정의 경제 부도라고 합니다. 균형 맞춰서 돈을 쓰지 않고 엉뚱한 데 다 써서 막상 꼭 써야 하는 곳에 못 쓰게 되는 것이 바로 부도입니다.

그럼 무엇이 엉뚱한 데 돈을 쓰는 겁니까? 술 먹고, 노름하고, 잘못 보증서서 집 날리고 하는 것들이 엉뚱한 데입니다. 그러니까 막상 써야 될 곳-자식 학비, 먹을 것 사는 것, 입을 것 사는 것-에 쓸 돈이 없습니다. 이것이 가정의 문제가 됩니다.

건강도 마찬가지입니다. 쓸 데 없는 곳에 에너지를 다 쓰고 나면 정말 써야 할 곳에 에너지를 쓰지 못하니까 건강에 부도가 나고 맙니다. 병이 걸린 것은 건강의 부도입니다. 정상적인 사람과 비정상적인 사람의 차이가 무엇입니까?

건강한 사람과 건강치 못한 사람의 차이가 무엇입니까? 시간이나 물질이나 에너지나 꼭 써야 할 곳에 균형 있게 쓰는 사람은 건강한 사람이고, 정상적인 사람입니다.

하지만 에너지나 물질이나 시간을 안 써도 되는 곳에 쓰는 사람은 건강치 못한 사람이고, 비정상적인 사람이 됩니다. 정상적이고 건강한 사람은 시간이나 물질이나 에너지를 써야 할 곳에 우선순위에 맞춰서 씁니다. 그런데 건강하지 못하고 비정상적인 사람은 안 써도 되는 곳에 쓰고 거기다가 투자합니다.

예를 들어 봅시다. 과음을 했습니다. 그러면 사람들은 나중에 술이 깨면 그만인 줄 압니다. 하지만 전혀 그렇지 않습니다. 우선 술을 마시는 데 너무 많은 돈을 쓰고 말았습니다. 술값이 어디 한두 푼입니까? 그런 사람들을 보면 얼마나 안타까운지 모릅니다.

술 먹는 데는 전혀 아깝지 않으면서 뜻 있는 곳에 쓰는 돈은 얼마나 아까워하는지 모릅니다. 게다가 밤새도록 술을 마시니 얼마나 시간 낭비입니까? 또 우리 몸이 술을 해독하느라 소진하였기 때문에 진짜 우리 몸에 병이 왔을 때에는 나가서 싸울 힘이 없습니다. 저항력이 떨어져서 더 큰 병에 걸리고 마는 겁니다. 그래서 술 많이 먹는 사람들의 건강이 무너지는 것입니다.

내 몸의 건강을 정상적인 곳에 써야 하는데 밤새도록 술을 해독하는 데 썼습니다. 그렇게 다 지쳤습니다. 그러니까 병균이 오면 그놈 때려잡으러 나갈 힘이 없습니다. 즉 저항력이 떨어져서 약해진 것입니다. 밤 새워 술 먹은 사람이 어떻게 낮에 똑바로 근무를 섭니까? 그런 사람이 어떻게 진급을 하겠습니까?

히스기야의 대처방안

히스기야는 질병 앞에서 무엇을 했습니까? 기도합니다.

> 히스기야가 얼굴을 벽으로 향하고 여호와께 기도하여 가로되(2절).

하나님의 말씀인 성경은 우리에게 너무도 많은 것을 가르쳐주십니다. 성경을 자세히 보면 하나님의 사랑을 가르쳐주고, 하나님의 구원을 가르쳐주고 생활 규범을 가르쳐줍니다. 뭐는 먹으라고 하고 뭐는 먹지 말라고 합니다. 이 것은 하라고 하고 저것은 하지 말라고 합니다. 이러한 성경의 가르침대로만 살면 삶은 굉장히 윤택해집니다. 문제는 우리가 그대로 못하는 것입니다.

그 가운데에서도 아주 중요한 가르침이 있습니다. 꼭 어떤 사건마다 반드시 고리처럼 연결지어 가르쳐주는 것이 있는데 바로 '기도'입니다. 성경은 모든 사건 사건마다 우리에게 기도를 가르쳐주십니다.

히스기야 왕은 전쟁이 났을 때에도 기도해서 이겼습니다. 전쟁도 기도하면 이긴다는 것을 가르쳐 주십니다. 이번에는 죽을병이 걸렸을 때에도 기도로 극복하게 하십니다.

"약을 먹고 의사에게 매달려야지 왜 하나님께 기도합니까?"

물론 아픈데 약도 먹지 말고 병원도 가지 말고 기도만 하라는 것은 아닙니다. 약 한번 먹으면 나을 병이거나 수술하면 나을 병인데 아무런 조치도 취하지 않고 기도만 한다면 옳지 않습니다. 그렇지만 약이나 수술만 가지고 되지 않는 병들이 얼마나 많습니까?

이 세상은 고칠 수 있는 병보다 고칠 수 없는 병이 훨씬 더 많습니다. 그러니까 기도해야 합니다. 기도가 무엇이기에 성경은 우리에게 그토록 기도를 가르쳐주십니까? 기도라는 눈으로 성경을 들여다보는 가운데 너무나도 놀라운 사실을 깨달았습니다.

창세기 18장을 보면 소돔 고모라가 멸망합니다. 그런데 아브라함의 기도로 그 성에 살고 있는 조카 롯이 살아납니다. 다른 도시에 살면서 죽어가는 조카를 살릴 수 있는 길이 바로 기도였습니다.

> 하나님이 들의 성들을 멸하실 때 곧 롯의 거하는 성을 엎으실 때에 아브라함을 생각하사 롯을 그 엎으시는 중에서 내어 보내셨더라(창 19:29)

하나님께서 소돔 고모라를 멸하실 때 아브라함을 생각하사 롯을 구원하셨다고 말씀하십니다. 멀리 나간 자식들이 있다면 기도로 그 자녀를 지켜주십시오. 이것이 성경의 원리입니다.

아브라함이 하나님께 기도하매 하나님이 아비멜렉과 그 아내와
여종을 치료하사 (창 20:17)

기도할 때 병을 고쳐주셨습니다.

창세기 32장을 보아도 야곱이 형 에서에게 맞아 죽게 되었을 때
얍복강가에서 기도함으로 형의 마음을 돌이켜서 살게 됩니다. 이
처럼 기도는 사람의 마음을 바꾸어서 화해하게 합니다.

출애굽기 17장을 보면 모세는 기도해서 전쟁에서 승리합니다.
사무엘상 1장 9절을 보면 한나는 기도함으로 잉태하는 힘을 얻습
니다. 열왕기상 18장을 보면 엘리야는 기도로 하늘에서 불을 내립
니다. 또 다니엘은 기도로 사자의 입을 막는가 하면 사도 바울은
기도로 자기를 얽매고 있는 옥터를 흔들고 나옵니다. 히스기야 역
시 기도로 자기 생명을 연장하고 있습니다.

기도가 왜 이렇게 중요합니까? 그 해답을 요한복음 14장에서 찾
을 수 있습니다.

내가 진실로 진실로 너희에게 이르노니 나를 믿는 자는 나의 하는
일을 저도 할 것이요 또한 이보다 큰 것도 하리니 이는 내가 아버
지께로 감이니라 너희가 내 이름으로 무엇을 구하든지 내가 시행
하리니 이는 아버지로 하여금 아들을 인하여 영광을 얻으시게 하
려 함이라 내 이름으로 무엇이든지 내게 구하면 내가 시행하리라
(요 14:12-14)

'내 이름으로 무엇이든지 내게 구하면 내가 다 들어주겠다'는 것이 바로 기도입니다. 주님께서는 우리에게 기도를 주셨습니다. 예수님이 이 땅에 오셔서 하신 일이 많고 많지만 정말 중요한 것은 바로 주님의 이름으로 기도하라는 것입니다.

초대 교회가 그렇게 부흥되고 역사가 많이 일어난 요인이 무엇입니까? 초대 교회의 프로그램이 좋았습니까? 아닙니다. 초대 교회는 기도가 살아 있었습니다.

마가복음 9장을 보십시오. 귀신들려 벙어리 되고 간질하는 자를 해결하지 못한 제자들에게 주님이 내린 처방이 무엇입니까?

기도 외에 다른 것으로는 이런 유가 나갈 수 없느니라 (막 9:29)

오늘도 우리의 삶을 괴롭히고 파괴하려고 하는 원수 마귀의 모든 세력을 물리칠 수 있는 유일한 길은 기도밖에 없습니다. 그런데 왜 기도하지 않습니까? 마귀나 귀신을 돈으로 이길 수 있습니까? 힘으로 이길 수 있습니까? 귀신이 약으로 죽습니까?

기도 밖에는 없습니다. 그런데 왜 기도하지 않습니까? 어떤 문제든지 기도해보십시오. 이 말씀에 무슨 이유를 답니까? 이 말씀 무슨 토를 답니까? 이 말씀에 무슨 해석이 필요합니까? 그냥 기도하는 것뿐입니다.

하는 기도와 되는 기도

기도에는 두 가지가 있습니다. 첫째는 '하는 기도'이고 둘째는 '되는 기도'입니다. 하는 기도는 내가 하는 기도이고, 되는 기도는 하나님께서 주시는 기도입니다. 하는 기도는 응답이 안 될 수도 있습니다. 내가 의심하면서 하는 기도는 응답이 되지 않습니다.

> 오직 믿음으로 구하고 조금도 의심하지 말라 의심하는 자는 마치 바람에 밀려 요동하는 바닷물결 같으니 이런 사람은 무엇이든지 주께 얻기를 생각하지 말라(약 1:6, 7)

중언부언하는 기도는 응답이 되지 않습니다.

> 또 기도할 때에 이방인과 같이 중언부언하지 말라 저희는 말을 많이 하여야 들으실 줄 생각하느니라(마 6:7)

> 정욕으로 잘못 구하는 기도는 아무리 많이 하더라도 응답받지 못합니다. 구하여도 받지 못함은 정욕으로 쓰려고 잘못 구함이니라 (약 4:3)

하지만 '되는 기도'는 다릅니다. 되는 기도는 하나님께서 주시는 기도입니다. 성경에 나오는 기도의 사람들이 했던 기도들은 모두 예외 없이 되는 기도였습니다.

다니엘이 사자 굴에 들어가 죽게 되었을 때 했던 기도가 하는 기도였겠습니까? 그것이 바로 되는 기도입니다. 기도의 중요성을 깨달은 다니엘은 되는 기도를 했습니다. 되는 기도는 본문에 나타난 것처럼 눈물의 기도요, 하나님이 주신 기도요, 응답이 예비 된 기도입니다. 뭔가 바라는 것은 충족의 대상이 있고, 충족의 대상이 없는 것은 바라게 되지도 않는 것처럼 기도가 된다는 것은 응답이 있다는 말이고 응답이 없는 것은 기도가 되지도 않습니다.

그렇다면, 기도해서 낫는 것과 약 먹고 낫는 것의 차이점이 무엇입니까? 약 먹어서 나으면 그렇게 하십시오. 수술해서 나으면 그렇게 하십시오. 하지만 그래도 안 되면 기도하십시오. 의사들의 실험에 의하면 똑같이 약을 써도 기도하고 약 먹을 때에 훨씬 잘 낫는다고 합니다. 똑같이 수술을 해도 기도하고 수술할 때 훨씬 더 잘 낫는다고 합니다.

제아무리 날고 기고 큰 소리 빵빵치는 사람도 전신 마취 들어갈 때에는 긴장한다고 합니다. 제아무리 믿음이 좋은 사람이라도 비행기가 이륙할 때는 한번쯤 추락을 걱정한다고 합니다. 이처럼 사람은 약한 존재입니다.

믿음의 사람, 기도하는 사람의 다른 점이 무엇인지 아십니까? 척추에 전신 마취 주사기를 꽂을 때 이렇게 기도합니다.

"아버지 감사합니다. 지켜주시옵소서."

이렇다면 벌써 믿음 있는 사람입니다. 믿음 없는 사람은 다릅니다.

"괜찮겠지요? 깨어나겠지요?"

떨고 있습니다.

기도가 담대함을 줍니다. 기도할 때 천군 천사가 건강을 지켜주시는 줄로 믿고 기도하십시오. 기도하는 자는 평안하고 담대합니다.

"목사님 기도해도 안 되고 약 먹어도 안 되면 어떻게 해요?"

간단합니다. 죽으면 됩니다.

남한에도 크리스천이 있고 북한에도 크리스천이 있습니다. 그런데 이 둘은 엄청난 차이점이 있습니다. 북한의 크리스천들은 예수 믿다 아프면 감사합니다.

"하나님 감사합니다. 드디어 하늘나라에 갈 수 있는 사인이 왔군요. 감사합니다."

하지만 남한의 크리스천들은 다릅니다.

"이럴 수는 없나이다. 하나님이 살아 계신다면 제게 이럴 수는 없나이다."

여러분이 건강하게 살기를 원합니다. 하지만 언젠가 때가 되어 하나님이 부르실 때 죽음 앞에서 감사할 수 있는 믿음이 되기를 바랍니다. 죽음 앞에서 찬송할 수 있는 믿음, 죽음 앞에서 우러나는 기도를 드릴 수 있는 그 믿음이 죽음보다 귀한 것 아닙니까?

왜냐하면 이 세상에서 육신의 장막이 끝나는 날, 나를 위해서 예비해 놓은 영원한 천국에 들어감을 믿음으로 바라보니 얼마나 감사합니까?

"목사님 감사합니다. 하나님께서 살려주신다면 살겠지만, 부르신다면 제가 먼저 하늘나라에 가서 목사님을 기다릴게요."

이러면 얼마나 좋겠습니까?

"목사님이 좀 어떻게 해보세요."

하나님께서 육신의 고생 끝내고 천국 본향으로 불러들이겠다는데 나보고 어떻게 하라는 겁니까? 하나님의 뜻이 아닌 죽음이라면 기도해서 살려야 되겠지만 하나님이 오라고 하시는 죽음은 기쁨으로 맞아들일 수 있는 믿음이 준비되어야 합니다.

기도의 소스

기도의 소스가 있어야 합니다. 히스기야의 기도가 무엇입니까? '추억하라' 는 겁니다. '기억하라' 는 겁니다. 그럼 무엇을 추억하고 무엇을 기억합니까?

> 여호와여 구하오니 내가 주의 앞에서 진실과 전심으로 행하며 주
> 의 목전에서 선하게 행한 것을 추억하옵소서 (사 38:3)

즉 내가 주를 위해 살아 왔던 삶을 기억해달라는 겁니다. 이 말씀을 보고 느낀 것이 있습니다. 평소에 예수님을 잘 믿어 놓아야 한다는 겁니다.

> 욥바에 다비다라 하는 여제자가 있으니 그 이름을 번역하면 도르
> 가라 선행과 구제하는 일이 심히 많더니 (행 9:36)

욥바에 다비다라 하는 여제자가 있었습니다. 그런데 그 여인이 선행과 구제하는 일이 심히 많았다고 합니다. 이 여인이 병들어 죽었을 때 베드로가 가서 살려냅니다.

> 루스드라에 발을 쓰지 못하는 한 사람이 있어 앉았는데 나면서 앉
> 은뱅이 되어 걸어 본 적이 없는 자라 바울의 말하는 것을 듣거늘
> 바울이 주목하여 구원받을 만한 믿음이 그에게 있는 것을 보고 큰
> 소리로 가로되 네 발로 바로 일어서라 하니 그 사람이 뛰어 걷는
> 지라(행 14:8-10)

루스드라에 나면서부터 앉은뱅이 된 사람이 있었습니다. 바울의 말하는 것을 듣고 구원받을 만한 믿음이 있는 것을 보고 일어서게 됩니다.

구원 받을 소스, 치료될 소스가 있어야 합니다. 그런데 이런 것도 없는 사람이 낫게 되는 경우가 있습니다. 그것이 뭔지 아십니까? 서원 기도입니다. 이것을 현대 용어로 바꾸자면 '가불' 입니다. 미리 넣어둔 돈을 찾아서 쓰는 사람이 있는가 하면 저금한 돈은 없지만 은행에서 대출받는 경우도 있습니다. 이러한 기도를 한 예로 한나를 들 수 있습니다.

"주시기만 하면 바치겠나이다."

이런 것이 대출기도입니다. 서원기도는 대출기도입니다. 그런데 알아야 할 것은 대출기도는 반드시 갚아야 된다는 겁니다. 대출하

고 안 갚으면 부도나지 않습니까? 기도로 병 나은 사람이 주님 뜻대로 살지 못하면 무너지는 이유가 바로 이것입니다.

한 것도 없이 서원기도해서 살게 된 사람은 반드시 주를 위해서 살면서 은혜를 갚아야 합니다. 그럴 때 하나님께서 지켜주십니다.

해답은 참 간단하다

얼마나 신기한지 모릅니다. 죽을병에 걸린자를 향한 하나님의 처방이 얼마나 간단한지 한번 보십시오. 해답은 참 간단합니다.

> 이사야는 이르기를 한 뭉치 무화과를 취하여 종처에 붙이면 왕이
> 나으리라(사 38:21)

죽을병의 특효약이 무엇입니까? 길거리에 흔하디 흔한 무화과가 특효약이었습니다. 이것을 보고 얼마나 놀랐는지 모릅니다. 하나님은 우리 인생의 문제 해답을 항상 가까운 곳에 두십니다. 길거리, 내 손이 닿는 곳에 두셨음을 잊지 마십시오. 즉 아무리 큰 문제도 해답은 가까이 있습니다. 그렇기 때문에 큰 문제, 어려운 문제일수록 멀리 보지 말고 가까이 보십시오. 이것이 기독교와 타 종교의 다른 점입니다.

예전에 명절 때 텔레비전을 보면 간혹 이런 이야기들이 나옵니다. 어머니가 희귀병에 걸렸습니다. 그래서 어머니를 고치기 위하여 아들이 100일 기도를 드립니다. 그랬더니 99일째 되는 날 산신

령이 꿈속에 연기를 피우면서 펑 하고 나타납니다.

"너희 어머니를 고치고 싶으냐?"

"네, 어머니의 병만 나을 수 있다면 무엇이든지 하겠나이다."

"내가 하는 말을 잘 들어라. 99고개를 넘어 100년 묵은 아홉 꼬리 달린 여우가 있는 방죽을 지나 높은 절벽 중간에 핀 꽃을 따다가 너희 어머니 머리맡에 놓으면 너희 어머니가 살아나리라."

이러면 벌써 틀린 겁니다. 99고개 넘어 100년 묵은 아홉 꼬리 달린 여우를 무슨 수로 이길 것이며, 절벽 중간에 핀 꽃을 무슨 수로 따옵니까? 그러니까 그 이야기에는 해답이 없습니다.

하지만 성경은 다릅니다.

"너희 엄마 아프냐?"

"예."

"손을 얹고 기도할지니 믿음의 기도는 병든 자를 구원하리라."

손은 내 몸에 붙어있습니다. 99고개 넘어갈 필요가 없습니다. 그냥 기도하면 됩니다. 이것이 기독교입니다. 기독교의 해답은 항상 가까이 있습니다. 하지만 타 종교의 해답은 없습니다. 그런데 없다고 할 수 없으니까 얼토당토하지 않는 이야기로 꾸미는 것입니다. 그런 데는 있지도 않거니와 있다고 하더라도 어떻게 구해옵니까?

이것이 하나님이 우리에게 주시는 지혜입니다. 하나님의 해답은 항상 우리의 손이 닿는 데 있습니다.

변화

참 빛 곧 세상에 와서 각 사람에게 비취는 빛이 있었나니 그가 세상에 계셨으며 세상은
그로 말미암아 지은바 되었으되 세상이 그를 알지 못하였고 자기 땅에 오매 자기 백성이
영접지 아니하였으나 영접하는 자 곧 그 이름을 믿는 자들에게는 하나님의 자녀가 되는
권세를 주셨으니 이는 혈통으로나 육정으로나 사람의 뜻으로 나지 아니하고 오직 하나
님께로서 난 자들이니라(요 1:9-13)

수양과 변화

신앙생활이 무엇입니까?

여러 가지로 대답할 수 있겠지만 그 가운데 정말 중요한 것은
'변화된 삶' 입니다. 신앙생활을 잘하는 사람은 올바르게 변화되었
습니다.

그렇다면 어떻게 변화되는 것이 올바르게 변화되는 것입니까?
예수 그리스도를 닮도록 변화되는 것입니다. 그런데 변화의 의미
도 모르고, 변화될 생각은 도무지 하지 않고 그저 수양만 하려는
성도들이 종종 있습니다.

물론 처음부터 거창하고 대단한 변화를 하라는 뜻은 아닙니다. 작은 것부터 변화하고자 하는 것이 중요합니다.

수양과 변화도 비슷해 보입니다. 하지만 수양과 변화는 엄연히 다릅니다. 수양의 사전적인 의미는 '심신을 닦아 지적을 개발하는 것'입니다. 이에 반해 변화의 사전적인 의미는 '사물의 형상이나 성질 등이 달라지는 것'입니다. 우리 기독교는 심신을 닦아 개발하는 수양의 종교가 아니라 삶이 달라지는 변화의 종교입니다.

물론 수양을 강조하는 종교도 있습니다. 이를테면 불교가 이에 속합니다. 그들은 수양하고자 조용한 산속으로 들어갑니다. 그리고는 끊임없이 마음속에서 솟아오르는 인간의 108번뇌를 차곡차곡 가라앉힙니다. 떠오르는 욕망을 염불을 외우거나 염주알을 돌리면서 모두 가라앉히려고 합니다.

다시 반복하지만 기독교는 수양의 종교가 아니라 변화의 종교입니다.

그렇다면 수양과 변화는 무엇이 다릅니까? 옛날 시골에는 집집마다 돼지를 한두 마리씩 키웠습니다. 그리고 딸 있는 집에서는 혼인잔치 때 그 돼지를 잡아서 사용했습니다.

그래서 딸이 태어나면 오동나무를 심었고 결혼 적령기 딸이 있으면 1년 전쯤에 돼지를 사서 키웠습니다. 태어났을 때 심어놓은 오동나무로는 장롱을 만들어주었고, 1년 전에 사다 키운 돼지는 결혼할 때 잡아서 잔치를 했으니 그리고 보면 옛날 우리 조상들이 어수룩한 것 같아도 상당히 준비성이 있지 않습니까?

돼지들은 쌀겨를 먹여서 키웠습니다. 돼지들이 먹는 쌀겨를 타는 물은 맹물을 쓰지 않고 부엌 옆에 있던 커다란 항아리에 담긴 물을 사용했습니다. 그 항아리에는 쌀을 씻고 나온 쌀뜨물을 모아 두었습니다. 또 밥을 먹고 남은 밥상의 음식 찌꺼기들도 그 항아리에 넣었습니다.

그러니 그 항아리 속이 얼마나 지저분하겠습니까? 하지만 위에서 보면 항아리의 물은 말갛고 깨끗합니다. 왜냐하면 온갖 더러운 것들은 모두 밑으로 가라앉았기 때문입니다. 바로 이 상태가 '수양'입니다.

항아리 속에 담긴 물을 가만히 두면 괜찮습니다. 하지만 기다란 막대기로 휘휘 저으면 바닥에 있던 멸치대가리 꽁치대가리 가리지 않고 모두 올라와서는 눈 뜨고 볼 수 없는 더러운 오물이 되고 맙니다. 수양도 마찬가지입니다. 밑에서 저으면 모두 이렇게 올라옵니다.

그렇다면 변화는 무엇입니까? 온갖 더러운 것들을 완전히 걸러서 아무리 뒤적거려도 올라올 것이 없는 상태입니다. 그런데 중요한 점은 변화는 인간의 노력과 힘으로는 절대로 불가능하다는 것입니다. 이것은 하나님께서 해주셔야만 가능한 일이지 사람의 노력이나 사람의 힘으로는 도무지 되지 않습니다.

그런데 많은 사람들이 이 둘을 잘 구분하지 못합니다. 그래서 수양이 잘 된 사람을 변화된 사람으로 착각합니다. 하지만 수양이 잘 된 사람과 변화된 사람은 근본적이 다릅니다.

정리합니다. 구정물을 그대로 앉힌 것은 수양이고, 구정물을 완전히 걸러낸 것은 변화입니다. 즉 수양한 것은 휘휘 저으면 다시 위로 올라오지만 변화된 것은 아무리 젓고 저어도 올라올 것이 없습니다.

예수님은 수양하신 분이 아니라 변화되신 분입니다. 이런 조그마한 차이가 참으로 중요합니다. 그리고 이 작은 차이는 성숙한 자만이 구별할 수 있습니다. 예수님도 우리와 똑같은 인간이었습니다. 어떤 분은 이렇게 말합니다.

"아이고 예수님인데 무슨 걱정이 있겠습니까?"

아닙니다. 예수님도 우리와 똑같습니다. 맞으면 아팠고 굶으면 배고팠습니다. 죄성이 없어서 죄를 짓지 않았을 뿐이지 인간적 욕망은 똑같았습니다. 하늘 보좌를 버리고 인간의 몸으로 오셨기 때문에 예수님도 배가 고프셨고 울기도 하셨으며 주무시기도 하셨습니다. 단지 죄에 대한 속성만 없었습니다.

주님이 십자가에 돌아가시기 직전에 어떤 모욕을 받으셨습니까? 군병들이 예수님의 옷을 모두 벗겨버렸습니다. 그렇게 수치가 드러났습니다. 그 순간 예수님께서 '아우 내가 참아야지' 이렇게 하시지 않았습니다.

우리들은 막 치밀어오르는 것들을 참으면 훌륭하다고 합니다. 그런데 예수님은 막 올라오는 것을 참으신 것이 아니라 아예 참을 것조차 없으신 분입니다. 이것이 바로 변화입니다. 옷을 벗기고 뺨을 때리고 가시관을 씌우고 못을 박을지라도 올라오는 것이 없었습니다. 예수님은 참으신 것이 아니라 아예 올라오는 것이 없었습니다.

수양은 타오르는 욕망을 참는 것입니다. 하지만 변화는 타오르는 욕망 자체가 없는 것입니다. 예를 들어 술이 먹고 싶지만 참는 것은 수양입니다. 하지만 아예 먹고 싶은 생각조차 없는 것은 변화입니다.

물론 이 말도 온전한 것은 아닙니다. 왜냐하면 한두 마디 말로서 전체를 커버할 만큼 세상은 그렇게 간단하지 않기 때문입니다. 그런데 보면 변화되어서 변화된 것이 있고 원래 그런 게 있습니다.

술 맛을 아는 사람은 텔레비전이나 길에서 술 마시는 사람들을 보면 자기도 마시고 싶지만 꾹 참습니다. 하지만 처음부터 술 맛을 모르는 사람은 무슨 맛인지 모르니까 참고 말고 할 자체가 없습니다. 때문에 맛을 안다는 것이 다 좋은 것 같지만 때로는 그 맛을 알기 때문에 참아야 하는 많은 아픔도 수반됩니다. 변화된 사람은 아예 생각부터 나지 않습니다.

담배도 마찬가지입니다. 변화된 사람은 아예 담배 생각이 없습니다.

"목사님, 보통 사람이 그렇게 할 수 있습니까?"

물론 그 말도 맞습니다. 하지만 스데반을 보십시오. 그는 성령충만한 집사였습니다. 스데반 집사가 설교를 합니다. 그의 설교를 들은 사람들이 돌을 던져서 죽이지 않습니까? 결국 스데반 집사는 그들이 던진 돌에 맞아 죽게 됩니다.

잘 생각해 보십시오. 돌을 들어서 던진 것이지 바위를 들어서 던진 것이 아닙니다. 사람들이 들고 던져서 죽을 정도라면 고작해야 자갈 정도의 크기였을 것입니다. 그리고 주먹만한 자갈로 맞아 죽으려면 수백 개 아니 수천 개는 날아와야 가능한 일입니다.

하지만 스데반 집사는 조금도 화를 내지 않고 성령충만한 설교를 하지 않습니까? 이것이 바로 변화된 자의 모습입니다.

큰 능력과 기적을 행하던 스데반의 모습이 변화된 자의 모습입니다. 돌에 맞아 순교하면서도 얼굴이 천사처럼 빛날 수 있었던 것 역시 변화된 자의 모습입니다. 자기에게 돌을 던져 죽이려는 자들을 위하여 용서의 기도를 드릴 수 있었던 것도 변화된 자의 모습입니다.

그렇다면 변화의 키(key)는 무엇입니까? 사람의 힘이나 인격으로 되는 것이 아니고, 성령의 능력으로 된다는 겁니다. 그래서 스데반 집사에게 항상 붙어 다니는 수식어가 있습니다.

'스데반 집사가 성령이 충만하여'

사람을 변화시키는 것은 인간이 아니라 하나님의 능력입니다.

보통 사람들은 '어떻게 사람이 그렇게 변화된단 말이야?' 이렇게 반문합니다. 하지만 변화는 사람의 노력으로 되어지는 것이 아니고 성령충만한 하나님의 능력으로 되어지는 것입니다. 그렇기 때문에 가능한 것입니다.

스데반처럼 엄청난 변화는 일어나지 못했을지라도 교회에 나와서 예배드린다고 하는 그 사실 하나만으로도 세상 사람들이 놀랄 사람들이 얼마나 많습니까?

'그 사람이 예수 믿는데? 정말 놀랄 일이네.'

이것이 바로 변화된 자입니다.

그렇다면 무엇이 변화 되어야 합니까?

신분이 변화되어야 한다

첫째, 신분이 변화되어야 합니다.

원하든 원치 않든, 알든 알지 못하든, 모든 인간은 태어날 때부터 죄의 종이요, 마귀의 자녀입니다. 아무리 기분 나빠도 사실입니다. 죄를 지은 자는 죄의 종입니다. 죄의 자녀는 마귀의 자녀입니다. 아무리 거부할지라도 어쩔 수 없습니다.

> 너희는 너희 아비 마귀에게서 났으니 너희 아비의 욕심을 너희도
> 행하고자 하느니라 저는 처음부터 살인한 자요 진리가 그 속에 없
> 으므로 진리에 서지 못하고 거짓을 말할 때마다 제 것으로 말하나
> 니 이는 저가 거짓말쟁이요 거짓의 아비가 되었음이니라 (요 8:44)

마귀에게 나타난 속성은 욕심, 살인, 거짓입니다. 이러한 것들은 마귀의 속성을 그대로 드러냅니다. 마귀의 욕심은 끝이 없습니다. 물론 예수 믿는 사람에게도 욕심이 있습니다. 그러나 그 욕심은 절제가 가능한 욕심입니다. 한계가 있는 욕심입니다. 그러나 마귀의 욕심은 끝이 없습니다. 이러한 마귀의 속성이 병으로 나타난 것이

바로 암입니다.

우리 몸속에는 하나님의 속성이 담겨 있습니다. 하나님의 형상이 있습니다. 신체의 신비를 깨달으면 깨달을수록 얼마나 질서정연한지 신비하기만 합니다.

가장 신기한 것 가운데 하나는 하얀 밥을 먹고 하얀 물김치를 먹고 투명한 물을 마셔도 빨간 피가 된다는 것입니다. 신기하지 않습니까? 하얀 쌀밥만 먹고 산다면 우리의 피도 하얀 색이어야 하는데 빨갛습니다.

더욱 신기한 것은 살이 찔 때에도 신체의 전체 부위가 골고루 살이 붙는다는 사실입니다. 만일 먹는 대로 얼굴만 살이 찐다면 어떻게 되겠습니까? 먹는 대로 한쪽 엉덩이만 살이 찐다면 어떻게 되겠습니까? 하지만 우리들이 음식을 먹고 섭취된 영양분들은 우리 몸에 골고루 축적이 됩니다. 그러니까 살이 찌더라도 똑같이 골고루 찝니다. 손바닥도 살찌고 발바닥도 살이 찝니다. 그래서 살이 찌면 구두도 작아집니다.

그런데 더더욱 신기한 것은 빠질 때에도 골고루 똑같이 빠진다는 것입니다. 이 또한 우리 몸이 하나님의 질서대로 살아가고 있기 때문입니다.

그런데 여기에서 예외가 되는 놈이 있습니다. 바로 '암'이라고 하는 나쁜 놈입니다. 이 암 세포는 모든 몸으로 가야 할 영양분을 자기가 당겨 먹습니다. 그러니까 암세포는 자꾸만 살이 찌고 다른 신체는 점점 더 말라가는 겁니다. 그래서 짧은 기간에 현격하게 체

중이 줄면 의사들은 암이 아닌가 먼저 의심합니다. 이처럼 암세포
는 나눠 먹어야 되는데 자기만 먹습니다.

또 정상 세포는 어느 정도 성장하다가 멈춥니다. 한참 성장기 때
아이들이 자라는 것을 보면 정말 대나무 크는 것 같습니다. 은근히
걱정도 됩니다.

'저러다가는 지붕 뚫고도 남겠다.'

그런데 신기한 것은 어느 순간이 되면 딱 그칩니다. 이것이 정상
세포입니다. 그런데 암은 한없이 큽니다. 즉 끊임없는 욕심입니다.
절제 되지 않는 욕심입니다.

이것이 바로 마귀의 속성입니다. 마귀의 속성은 끝없이 절제되
지 않는 욕심 즉 암과 같습니다. 암세포들은 어찌된 일인지 보기만
하면 가지려고 합니다. 이것이 바로 절제가 되지 않는 욕심이며,
마귀의 속성입니다.

마음속에 절제가 되지 않는 욕심이 있습니까? 그렇다면 지금도
우리 안에 마귀의 속성이 있음을 깨달으시기를 바랍니다.

두 번째는 살인입니다. 많은 사람들은 누군가를 죽이는 것이 살
인이라고 생각합니다. 하지만 성경은 다르게 말씀하십니다.

> 그 형제를 미워하는 자마다 살인하는 자니 살인하는 자마다 영생
> 이 그 속에 거하지 아니하는 것을 너희가 아는 바라 (요일 3:15)

하나님은 미워하는 사람이 없고 마귀는 사랑하는 사람이 없습니

다. 마귀는 모두를 미워합니다. 마귀의 눈에는 보기 싫고 미운 것들뿐입니다. 하지만 하나님은 모든 것이 다 사랑스럽기만 합니다. 이것도 사랑스럽고 저것도 사랑스럽습니다.

그러니까 대상의 문제가 아니고 자기 자신의 문제입니다. 마음속에 신분의 변화가 생겨서 모든 것이 사랑스럽기를 바랍니다.

세 번째로 마귀의 특성은 거짓입니다. 마귀는 모든 것이 거짓말입니다. 진짜가 하나 있다면 모든 것이 거짓말이라는 사실 하나뿐입니다.

본문을 보십시오. 예수 믿고 하나님의 자녀의 신분에 변화가 생겼다고 말씀하십니다.

> 영접하는 자 곧 그 이름을 믿는 자들에게는 하나님의 자녀가 되는
> 권세를 주셨으니 이는 혈통으로나 육정으로나 사람의 뜻으로 나
> 지 아니하고 오직 하나님께로서 난 자들이니라(12절, 13절)

하나님의 자녀가 된 자들의 속성은 무엇입니까? 간단합니다. 그것은 마귀의 속성과 정 반대입니다. 마귀의 속성은 욕심이지만 하나님의 자녀의 속성은 욕심이 아닙니다.

> 그리스도 예수의 사람들은 육체와 함께 그 정과 욕심을 십자가에
> 못 박았느니라(갈 5:24)

예수 믿고 하나님의 자녀가 된 가장 중요한 첫 번째 특징이 무엇

입니까? 욕심이 없어졌다는 것입니다. 이것이 예수 믿고 변화된 점입니다. 전에는 보기만 하면 갖고 싶고, 보기만 하면 어떻게 하든 내 것으로 만들고 싶었습니다.

대전 땅 다 사면 서울 땅을 사고, 서울 땅을 모두 사면 미국 땅을 사려고 했는데 이러한 욕심이 절제가 되더라는 겁니다. 이 모든 세상 것들은 아무런 의미가 없어졌습니다. 그저 필요한 것으로 자족할 줄 아는 사람으로 변화되었다는 말입니다.

두 번째로 마귀는 살인과 미움인데, 변화된 사람은 미움이 없어지고 그저 불쌍한 마음뿐입니다. 불쌍한 마음의 동기가 어디서 출발합니까? 사랑에서 출발합니다. 살인은 미움에서 출발하지만 불쌍한 마음은 사랑에서 출발합니다.

여러분을 해코지하는 원수가 밉습니까, 불쌍합니까? 그 사람이 밉다면 아직 변화되지 못한 자이고 불쌍하다면 변화된 자입니다.

원수가 지옥가야 됩니까, 아무리 원수일지라도 죽으면 천국에 가야 됩니까? 꼴 보기 싫은 자들이 지옥가야 됩니까, 그래도 천국가야 됩니까? 천국가야 한다고 하는 자가 변화된 자입니다.

우리도 하나님 앞에서는 바로 그런 원수였음을 잊지 마십시오. 그런 원수 같은 우리였지만 하나님은 사랑으로 불쌍히 여겨주었다는 사실을 잊으면 안 됩니다.

우리가 우리에게 죄 지은 자를 사하여 준 것같이 우리 죄를 사하여 주옵시고(마 6:12)

세 번째로 마귀의 속성이 거짓이라면 하나님의 속성은 진리와 진실입니다. 예수 믿는다는 것이 무엇입니까? 정직하고 진실하다는 겁니다. 마음속에서 우러나오는 양심의 소리, 마음속에서 들려오는 성령의 음성을 듣고 살아간다는 말입니다.

왜 크리스천이 세상에서 욕을 얻어먹습니까? 진실하지 못하기 때문입니다. 하나님의 자녀답게 살지 못하고 세상 사람들과 똑같이, 아니 그들보다 더 잘못 살기 때문에 욕을 먹는 것입니다.

교회마다 전도가 잘 안된다고 고민합니다. 왜 전도가 되지 않습니까? 물론 여러 가지 요인이 있을 것입니다. 우선 사람들이 먹고 살만 하니까 믿음의 필요를 느끼지 못합니다.

어렵고 문제가 있어야 하나님 앞으로 나아가 매달릴 것인데 배부르고 등 따시니까 꼭 믿어야 한다는 마음이 없습니다. 옛날에는 참 많은 사람들이 기도원에 가서 부르짖었는데 근래에는 그런 모습들을 보기 힘듭니다. 왜 그렇습니까? 별로 부르짖을 일이 없기 때문입니다.

또 사람들이 바빠서 교회 갈 시간이 없기 때문에 전도가 잘 안됩니다. 지금 사람들은 너나 할 것 없이 다 바쁩니다. 그러니까 교회 갈 시간이 없습니다. 그래서 어떤 사람들은 신앙생활을 한다고 하면 '한가하고 시간이 많구나' 말합니다.

하지만 그것은 몰라도 너무 모르고 하는 말입니다. 한가하기 때문에 교회 다니는 것이 아니라 바쁜 중에 시간을 내서 교회를 다니는 것입니다.

세상에 죄악이 너무 관영해서 감히 하나님 앞에 오기가 두렵기 때문에 전도가 잘 안 됩니다. 죄도 어지간히 지어야 하나님 앞에 나올 것인데 워낙 많이 짓다 보니 미안해서 나오지 못합니다. 죄도 어지간히 지어야 교회를 나올 것인데 워낙 많이 지으니까 교회에 나올 수 없습니다. 하지만 그럴수록, 지은 죄의 많음을 생각하지 말고 예수님 보혈의 강한 능력을 믿고 나오십시오.

우리 주님만 믿으면 간음을 했건, 살인을 했건, 강도를 했건, 절도를 했건, 그것보다 더 큰 죄를 지었을지라도 모두 용서함 받으며, 구원 받아 영생 복락 면류관을 받음을 확신하십시오. 즉 내가 지은 죄가 많음을 걱정하지 말고 그보다 더 강하고 능력 많으신 예수님의 보혈을 믿고 교회로 나오십시오.

교회가 재미없기 때문에 전도가 잘 안 됩니다. 특히 재미없는 것이 설교입니다. 어렸을 때만 해도 연극이 교회에 있었고 음악이 교회에 있었고 먹을 것이 교회에 있었습니다. 재미있는 게 얼마나 많았는지 모릅니다. 그런데 요즘은 교회보다 세상이 더 재미있습니다.

무엇보다 전도가 잘 안 되는 결정적인 이유는 예수 믿는 성도들의 삶이 세상에서 본이 안 된다는 것입니다. 우리나라에 처음 기독교가 들어왔을 때에는 예수 믿는 사람의 수는 적었지만 그들은 진실했습니다. 예수 믿는 사람이 어떤 잘못을 했을지라도 세상 사람들은 믿지 않았습니다.

"그 사람 교회 다니는데 그럴 리가 없어."

세월이 흘러 믿는 사람이 많아졌습니다. 믿는 사람이 많아지는 건 참 좋은 일입니다. 그런데 문제가 생겼습니다. 믿는 사람이 잘못했다고 하면 전혀 안 믿던 세상 사람들의 반응이 달라진 것입니다.

"설마 그랬을라고?"

반신반의합니다.

믿는 사람의 수가 더하여졌습니다. 참 좋고 감사한 일인데 문제가 생겼습니다. 이제는 믿는 사람이 잘못하면 이렇게 말합니다.

"믿는 사람도 다 똑같더라고."

그때까지만 해도 그나마 괜찮았습니다. 그런데 최근에는 믿는 사람이 잘못하면 세상 사람들이 이렇게 말합니다.

"믿는 놈이 더 나빠."

이 말이 마치 유행어처럼 상용됩니다. 하지만 솔직히 믿는 사람이 더 나쁩니까? 아닙니다. 그런데 세상 사람들은 그렇게 느끼고 오해합니다.

신분의 변화가 확실하게 생겼습니까? 마귀의 자녀에서 하나님의 자녀로, 마귀의 속성에서 하나님의 속성으로 확실하게 바뀌어졌습니까?

우리나라는 크리스천의 비율이 20%가 넘는다고 합니다. 즉 네 명에서 다섯 명 중 한 명은 교회 다니는 사람이라는 겁니다. 그렇다면 이 20% 사람들이 진실해야 하는데 그게 그렇지 않더라는 겁니다. 왜 그렇습니까? 아직까지 신분의 변화가 되지 않았기 때문입니다. 그렇게 아무런 변화 없이 교회만 다닙니다.

옳지 않습니다. 그렇다고 해서 '변화 없으면 교회도 다니지 말아야 합니까?' 이러한 물음은 더더욱 옳지 않습니다. 지금 말씀의 요지는 교회를 다니면서 변화되어야 한다는 데 있습니다.

사도 바울의 목회 초점, 목회 목적, 목회 철학이 무엇입니까?

> 나의 자녀들아 너희 속에 그리스도의 형상이 이루기까지 다시 너
> 희를 위하여 해산하는 수고를 하노니(갈 4:19)

사도 바울의 목회 초점, 목회 철학은 큰 교회로 부흥되기 이전에 성도 한 사람 한 사람 속에 예수의 모습을 담는 것이었습니다.

'한 성도 한 성도 속에 예수의 형상이 있는가?'

사도 바울은 여기에 초점을 두었습니다. 그런데 오늘 교회들은 이 본질을 잃고 말았습니다.

삶이 변화되어야 한다

두 번째로 삶의 변화가 되어야 됩니다. 신분이 변화 되면 삶도 변합니다. 신분이 변화된 후 곧이어 나타나는 것이 삶의 변화입니다.

> 그런즉 누구든지 그리스도 안에 있으면 새로운 피조물이라 이전
> 것은 지나갔으니 보라 새것이 되었도다(고후 5:17)

이전 것은 지났습니다. 그리고 새 것이 되었습니다. 예수 믿은 후 서로 간에 반드시 지켜야 할 일이 있습니다. 다른 사람의 과거

에 대해서는 이야기하지 말라는 것입니다. 예수 믿고 변화된 사람을 향하여 20년 전, 30년 전 지나간 케케묵은 이야기를 꺼내는 사람들이 간혹 있습니다.

"목사님, 알고 계세요? 아무개 성도, 정말 옛날에는 웃겼던 사람입니다."

그래서 어쨌다는 겁니까? 옛날에 안 웃긴 사람 있습니까? 그런데 뭐가 어쨌다는 겁니까? 오늘 변화된 모습이 중요한 것 아닙니까? 만일 오늘도 웃긴다면 그건 문제입니다. 하지만 어제 웃겼던 것에 대해서는 이야기하지 마십시다. 지나간 것은 이야기하지 마십시다.

하나님은 우리를 향하여 변화된 모습을 요구하고 계십니다.

> 너희는 유혹의 욕심을 따라 썩어져 가는 구습을 좇는 옛사람을 벗
> 어 버리고 오직 심령으로 새롭게 되어 하나님을 따라 의와 진리의
> 거룩함으로 지으심을 받은 새사람을 입으라(엡 4:22)

거짓을 버리라고 말씀하십니다.

우리나라가 왜 이렇게 복잡합니까? 거짓이 만연되어 있기 때문입니다. 도무지 진실은 찾아보기 힘듭니다.

얼마 전에 부흥회를 갔더니 그 교회에서 제가 입을 티셔츠를 하나 사서 숙소에 두었습니다. 입으려고 하는데 단추가 톡 떨어져버립니다. 이제 막 비닐을 뜯어서 입으려고 하는데 왜 그런가 싶어서

봤더니 허술하게 두 번 밖에 안 꿰맨 것입니다. 적어도 일곱 번쯤 꿰매고 마지막으로 든든하게 실기둥을 세우고 마무리해야 하는 것 아닙니까? 그런데 대강 붙이는 척만 한 것입니다.

저는 사실 일본이라는 나라는 별로 좋아하지 않습니다. 그런데 일본에서 만들어낸 물건은 아주 괜찮습니다. 정직합니다.

우리나라 기업은 단추를 달 때 이렇게 생각합니다.

'누가 이 옷을 입을지 내가 어떻게 알아?'

음식에 관련된 일을 하는 사람도 마찬가지입니다. 그러니까 콩나물에도 빨리 크라고 농약 같은 성장촉진제를 뿌리는 것 아닙니까? 이렇게 잘못된 거짓이 서로가 서로를 죽여가고 있습니다.

그러다 보니까 우리나라 물건이 외국에서 설 자리를 잃어가고 있습니다. 물론 기술 부족은 어쩔 수 없습니다. 하지만 기술은 부족하더라도 정신은 정직해야 하는 것 아닙니까?

그런데 사회 요소요소마다 거짓이 만연되어 있습니다. 과연 이 나라 이 땅에 진실이 있습니까? 과일가게 하는 분이 있다면 보이는 쪽과 보이지 않는 쪽의 과일을 동일한 크기, 동일한 품질로 담으십시오. 이것이 진실입니다.

아니 어떻게 배는 다 나주배이고 사과는 다 대구사과입니까? 물론 정직하면 힘들다는 것은 압니다. 하지만 힘든 것이지 굶어 죽는 것은 아니지 않습니까?

한번만 더 생각해 봅시다. 그렇게 속여서 많은 돈을 번다고 한들 뭘 하겠습니까? 그래도 정직하게 사는 사람이 결국에는 잘 삽니다. 잘 산다는 말의 의미를 새겨들으십시오. 좀 덜 벌더라도 깨끗하게 삽시다.

대한민국에 사는 25퍼센트의 크리스천이 정직할 때 이 나라는 희망이 있습니다. 지금 우리나라의 부정직함은 심각한 정도를 지나서 위험 수위에 다다랐습니다. 적어도 제가 느낄 때는 그렇습니다.

부패가 위험 수위에 다다랐습니다. 전반적으로 그렇습니다. 손해가 나더라도, 마진이 적더라도 속이지 말고 진실하게 삽시다.

쌀밥 먹을 능력이 없어 보리밥을 먹을지라도, 사과 두 개 먹을 형편이 되지 못해서 하나만 먹더라도 진실하게 삽시다. 옷에 단추를 달더라도 안 떨어지도록 끝까지 마무리를 잘하십시오. 그래서 우리나라에 만든 옷은 걸레를 만들어도 단추가 떨어지지 않는다는 평판을 듣기 바랍니다.

놀라지 마십시오. 떨어진 단추 하나 때문에 컨테이너 한가득 실어 보낸 물건이 반품되어 되돌아오는 것을 아십니까? 그래 놓고 노동자의 노동을 착취하지 말라고 시위합니다. 그들의 입장도 이해합니다. 하지만 때로는 자업자득인 경우도 있습니다.

지금 수출이 현격히 줄어들고 있는데 누구를 원망하겠습니까? 물론 우리나라 모든 기업이 이렇지는 않습니다. 계속 성장하고 잘 되어가는 기업도 있습니다. 성장하는 기업마다 공통점이 있다면 무엇인지 아십니까? 진실함입니다. 노력입니다.

거짓을 버리고, 참된 것을 말하고, 분을 내어도 죄를 짓지 말고,

마귀가 틈타지 못하게 하고, 도적질하지 맙시다. 도적질하는 자는 다시 도적질하지 말고 돌이켜 빈궁한 자에게 구제할 것이 있기 위하여 제 손으로 수고하여 선한 일을 하십시오.

복중에는 하도 개 값이 비싸니까 시골마다 개도둑이 판을 친다고 합니다. 어떤 시골에서는 노 부부가 누렁이 두 마리 키워서 그것 팔아 긴요하게 쓰려고 했는데 누가 훌딱 가져갔답니다. 물론 그 누렁이 가져간 사람은 개 판 공돈을 잘 썼을 것입니다.

그 사람에게는 술 한 잔 값이지만 돈을 떠나서 그 시골 할아버지의 상처를 생각해 보십시오.

또 시골 할아버지 할머니에서는 생명 같은 돈입니다. 나라면 그런 개도둑은 도무지 사랑할 수 없을 것 같습니다. 그런데 하나님은 이러한 개도둑 같은 사람도 사랑하십니다. 조금도 이상할 것이 없습니다. 나나 그 개도둑이나 다를 바가 없기 때문입니다. 변화 되십시오.

사랑의 대상이 변화되어야 한다

이 세상이나 세상에 있는 것들을 사랑치 말라 누구든지 세상을 사랑하면 아버지의 사랑이 그 속에 있지 아니하니 (요일 2:15)

마귀는 이 세상에 속한 신이기 때문에 이 세상과 이 세상 것을 사랑하게 만듭니다. 그러나 하나님은 이 세상에 속한 분이 아니라 영원한 하늘에 속하신 분이기 때문에 이 세상 것을 사랑하지 말고 하나님을 사랑하라고 말씀하십니다.

> 내가 세상에 속하지 아니함같이 저희도 세상에 속하지 아니하였
> 삽나이다(요 17:16)

예수 믿고 변화된 것이 뭡니까? 세상에 속한 사람이 하늘에 속한 사람으로 신분의 변화가 일어난 것입니다. 이 땅에 소속된 자가 하늘에 소속된 자로 바뀌었습니다.

> 오직 우리의 시민권은 하늘에 있는지라 거기로서 구원하는 자 곧
> 주 예수 그리스도를 기다리노니(빌 3:20)

하늘 시민권을 가진 사람은 사랑의 대상이 바뀝니다. 솔직히 세상을 더 사랑합니까, 하나님을 더 사랑합니까? 이것이 변화되었는가 변화되지 않았는가를 가름하는 중요한 차이점입니다.

가장 큰 계명, 계명 중 큰 계명이 무엇입니까?

> 네 마음을 다하고 목숨을 다하고 뜻을 다하고 힘을 다하여 주 너
> 의 하나님을 사랑하라 하신 것이요 둘째는 이것이니 네 이웃을 네
> 몸과 같이 사랑하라 하신 것이라 이에서 더 큰 계명이 없느니라
> (막 12:30, 31)

변화된 사람들은 이 세상과 이 세상 것을 사랑하는 마음에서 하나님과 하늘나라와 하나님의 것들을 사랑하는 마음으로 바뀌었습니다. 변화되기 전 성경은 케케묵은 책이었습니다. 도무지 읽어도 무슨 말인지 몰랐습니다. 그런데 변화되고 나니까 진리의 말씀이요, 꿀 송이보다 더 달콤합니다.

주의 말씀의 맛이 내게 어찌 그리 단지요 내 입에 꿀보다 더하니이다(시 119:103)

변화되기 전 교회는 그저 건물에 지나지 않았습니다. 그러니 '저기를 누가 가나?' 생각했습니다. 하지만 변화되고 나니까 아버지 집이 그렇게 좋을 수가 없습니다.

세상에서 천 날보다 아버지 집에서의 한 날이 좋고, 왕궁에 거함보다 내 아버지 집 문지기로 있는 것이 더 좋습니다. 이것이 변화되었다는 증거입니다. 교회가 좋아지기를 바랍니다.

교회가 너무 좋아서 지나가다가도 들려서 기도하고, 저녁에도 교회에 와서 잠을 잤으면 좋겠습니다. 은혜 받은 사람들은 교회가 좋습니다. 그냥 좋습니다.

변화되기 전에는 찬송가를 들어도 그게 무슨 노래냐고 그랬습니다. 하지만 변화된 후에는 찬송가가 얼마나 좋은지 모릅니다. 변화되기 전에는 기도하면 졸리고 뭐라 해야 할지도 몰랐습니다.

그런데 지금은 좀더 기도하지 못해서 늘 아쉽습니다. 기도만 하면서 살았으면 좋겠습니다.

여러분은 이렇게 변화되었습니까?

악

범사에 헤아려 좋은 것을 취하고 악은 모든 모양이라도 버리라(살전 5:21-22)

　모질다, 악하다, 나쁘다, 바르지 않다, 부도덕하다, 못되다, 흉하다….이처럼 하나님의 성품에 반대되는 생활이 악입니다. 세상과 교회는 개념도 많이 다르고 추구하는 것도 다르고 사용하는 용어도 많이 다릅니다.

　세상에서는 흔히 오복(五福), 즉 다섯 개의 복이 있다고 합니다. 장수하는 복인 수(壽), 재물이 많은 복인 부(富), 건강하고 마음이 평안한 복인 강녕(康寧), 도덕 지키기를 낙으로 삼는 일이 복인 유호덕(攸好德), 제 명대로 살다가 편안하게 죽는 복인 고종명(考終命), 이 모든 복들을 일컬어 세상은 오복이라고 합니다.

　그런데 성경이 말하는 복은 다릅니다. 마태복음 5장을 보면 여덟 가지 복이 나옵니다.

심령이 가난한 자는 복이 있나니 천국이 저희 것임이요 애통하는 자는 복이 있나니 저희가 위로를 받을 것임이요 온유한 자는 복이 있나니 저희가 땅을 기업으로 받을 것임이요 의에 주리고 목마른 자는 복이 있나니 저희가 배부를 것임이요 긍휼히 여기는 자는 복이 있나니 저희가 긍휼히 여김을 받을 것임이요 마음이 청결한 자는 복이 있나니 저희가 하나님을 볼 것임이요 화평케 하는 자는 복이 있나니 저희가 하나님의 아들이라 일컬음을 받을 것임이요 의를 위하여 핍박을 받은 자는 복이 있나니 천국이 저희 것임이라 나를 인하여 너희를 욕하고 핍박하고 거짓으로 너희를 거스려 모든 악한 말을 할 때에는 너희에게 복이 있나니 기뻐하고 즐거워하라 하늘에서 너희의 상이 큼이라 너희 전에 있던 선지자들을 이같이 핍박하였느니라(마 5:3-12)

시편에서 말하는 복은 다음과 같습니다.

복 있는 사람은 악인의 꾀를 좇지 아니하며 죄인의 길에 서지 아니하며 오만한 자의 자리에 앉지 아니하고 오직 여호와의 율법을 즐거워하여 그 율법을 주야로 묵상하는 자로다(시 1:1, 2)

아무리 말씀을 읽어봐도 돈 되는 것은 하나도 없습니다. 그런데 살다보면 성경이 말하는 복이 참 복임을 깨닫게 됩니다. 세상에서 아무리 많은 복을 받았다고 하는 사람들도 성경적 시각에서 보면 복을 받지 못한 경우가 많습니다. 잠시 복 받은 자처럼 보이지만 조금만 시간이 흐르면 복 받은 자가 아님이 드러납니다. 왜 그렇습니까? 그들은 악인의 꾀를 좇기 때문입니다.

적어도 크리스천이라면 하나님의 말씀의 중요함을 깨달아서 말씀의 가치관을 가지고 꿋꿋하게 살아갈 수 있어야 합니다.

여기서 용어만 봐도 그렇습니다. 세상 사람들은 '고맙습니다' 라고 말하지만 믿음의 사람들은 '감사합니다' 라고 말합니다. 왜 그렇습니까? 세상에서는 '고맙습니다' 라고 말해야 한다고 배웠습니다. 하지만 성경에서는 '범사에 고마워해라' 라고 말씀하지 않습니다. 대신 '범사에 감사해라' 라고 말씀합니다. 때문에 우리는 감사해야 합니다.

세상에서는 잘 쓰지 않지만 성경에서는 아주 많이 나오는 단어 가운데 하나가 바로 '악' 입니다. 물론 세상에서 전혀 쓰이지 않는 말은 아닙니다. 하지만 하나님의 말씀과는 개념 차이가 많습니다. 세상에서 말하는 악의 개념은 이렇습니다.

'악은 나쁘다.'

'악하면 안 된다.'

하지만 성경에서 말하는 악은 나쁘고 안 되는 정도가 아니라 모든 모양이라도 버려야 할 정도로 단호한 것입니다.

우리를 시험에 들게 하지 마옵시고 다만 악에서 구하옵소서
(마 6:13)

예수님께서는 우리에게 기도를 가르쳐주실 때에도 악에서 구해 달라고 기도하라고 가르치셨습니다. 그만큼 예수님에게 있어 악은 중요한 부분이었습니다. 그냥 악하지 않으면 되는 정도가 아니라 반드시 악에서 우리가 구함을 받아야 할 정도로 중요한 문제였다는 겁니다.

악은 모든 모양이라도 버리라(살전 5:22)

이 말씀을 영어로 번역된 성경을 보니까 참으로 쉽고 재미있습니다.

"Test everything(무엇이든지 테스트해라). Hold on to the good(좋은 것은 딱 잡아라). Avoid every kind of evil(나쁜 것은 피해라)." 즉 좋은 것은 딱 붙잡고 나쁜 것은 피하라는 것입니다.

악은 반드시 자란다

악은 왜 모양이라도 버려야 합니까? 악은 자라나기 때문입니다. 악은 자라나기 때문에 버려야 되고 피해야 합니다. 악은 돌이나 바위처럼 가만히 정지해 있는 것이 아니라 자라나고 활동하며 영향력을 행사합니다. 그래서 모양이라도 버려야 합니다. 우리 몸 안에서 병균이 자라나듯, 악도 내 안에서 자라납니다.

하나님이 우리에게 진정으로 요구하는 것이 무엇입니까? 잘 사는 것, 건강한 것보다 먼저 요구하시는 것이 있습니다. 그것은 바로 '거룩함'입니다. '깨끗함'입니다. '정결함'입니다. '의로움'입니다. '선함'입니다.

　이런 것들은 하나님의 속성이기 때문에 대부분의 찬송가에도 이런 단어들이 들어갑니다. 찬송가 가사들을 보십시오. 한번만 해도 될 것을 세 번씩이나 강조합니다.

　'거룩 거룩 거룩.'

　'정결한 마음 주시옵소서.'

　'진실로 선함과'

　이 모든 것들이 하나님의 속성을 뜻하기 때문에 그것을 자꾸만 찬송하는 것입니다. 반대로 악은 하나님의 속성이 아닙니다. 죄의 속성이며 마귀의 속성입니다. 그래서 더러운 말은 네 입에 담지 말라고 하십니다.

> 무릇 더러운 말은 너희 입 밖에도 내지 말고 오직 덕을 세우는데
> 소용되는 대로 선한 말을 하여 듣는 자들에게 은혜를 끼치게 하라
> (엡 4:29)

　왜 더러운 말을 입에 담지 말아야 합니까? 말은 그것으로 그치는 것이 아니라 마음의 표현입니다. 때문에 말이 중요한 것입니다. 그러니까 더러운 말을 하는 사람이 그 말만 더러우면 차라리 괜찮을 것인데 마음까지 더럽다는 겁니다.

　반대로 깨끗한 말을 했다는 것은 말만 깨끗한 것이 아니라 마음

까지도 깨끗하다는 것입니다. 마음이 깨끗한 사람은 깨끗한 말을 하고 마음이 더러운 사람은 더러운 말을 합니다.

그런데 놀라운 사실은 더러운 말을 하는 사람은 자신이 더러운 말을 하고 있다는 사실을 전혀 모른다는 것입니다. 왜 그렇습니까? 자기가 더러움 속에서 살고 있기 때문입니다. 언제 자신의 말이 더럽다는 것을 깨닫는지 아십니까? 자기가 깨끗함으로 나왔을 때입니다. 그제야 자신의 말이 더러웠음이 들립니다.

얼마나 많은 사람이 '죽겠다'는 말을 입에 달고 삽니까? 그 말을 굉장히 많이 하면서도 별다른 의식이 없습니다. 그런데 그 말이 언제 들리는지 아십니까? 자신이 죽겠다는 말을 쓰지 않고 남들이 죽겠다는 말을 할 때 귀에 탁탁 들어옵니다.

그렇습니다. 빠져 있는 사람은 자기가 더러운 걸 모릅니다. 나와 봐야 자기의 실상을 알게 됩니다.

노래 역시 아무 것이나 부르는 듯해도 절대 그렇지 않다는 것을 아십니까? 반드시 자기 심령에 맞는 노래를 부릅니다. 그러니까 한 사람이 부르는 노래를 보면 그 사람의 심령을 알 수 있습니다. 좋은 노래, 밝은 노래를 부르십시오. 그러면 아무리 슬픈 사람도 슬픔에서 벗어나는 데 도움이 됩니다.

인간은 감정대로 살지만 때로는 자기의 노력에 따라서 얼마든지 감정이 바뀔 수도 있습니다. 그러니까 할 수만 있으면 좋은 노래를 부르십시오. 설명이 다소 부족하지만 이 부분은 굉장히 중요합니다. 마음을 바꾸십시오. 악은 모양이라도 버리고 노래 역시 좋지 않은 것은 애당초 버리십시오. 좋지 않은 노래가 애창곡이라면 좋은 노래로 바꾸십시오. 악은 생각이라도 버려야 합니다.

미워하는 작은 마음이 자라서 살인까지 이릅니다. 음란한 작은 마음이 자라서 간음까지 이릅니다. 그러니까 악은 마음에서도 생각에서도 버리십시오. 모양도 그림까지도 버리십시오. 악한 모양 속에서 악한 그림 속에서 어떻게 선한 생각이 나오겠습니까?

성경은 악은 모양이라도 버리라고 말씀합니다. 악에서 절대로 좋은 것이 나오지 않습니다. 그리고 악은 자라납니다. 선한 모양 속에서는 선한 생각이 떠오르지만 악한 모습 속에서는 악한 생각이 떠오릅니다. 그러니 모양이라도 버리십시오.

악에는 악이 붙는다

악은 왜 모양이라도 버려야 합니까? 악에는 또 다른 악이 달라붙기 때문입니다.

"범사에 헤아려 좋은 것을 취하고"

좋은 것을 취하면 좋은 것이 또 붙습니다. 그런데 나쁜 것이 있으면 나쁜 것이 자꾸 와서 붙습니다. 그래서 악은 모양이라도 버려야 합니다. 악이 있으면 또 다른 악이 달라붙습니다.

'하늘은 스스로 돕는 자를 돕는다' 는 속담이 있습니다. 내게 돕는 이가 있을 때 하늘에서 돕는 이가 온다는 겁니다. 내가 하려고 할 때 하늘도 도와줍니다. 그러니까 긍정적인 좋은 속담입니다.

'엎친 데 덮친다.' 이런 속담도 있습니다. 엎어져서 무릎이 깨졌는데 내 위에 누군가 덮쳐서 코까지 깨져버렸다는 겁니다. 이것은 부정적인 속담입니다.

이처럼 좋은 것은 좋은 걸 당기고, 안 좋은 것은 안 좋은 걸 당깁니다. 이것이 중요한 세상의 원리입니다. 잘 될 때는 뭐든지 그냥 해도 잘 됩니다. 그런데 안 될 때는 한 가지만 안 되면 차라리 낫겠는데 뭐든지 잘 안 됩니다. 이것이 바로 선에는 선이 달라붙고 악에는 악이 달라붙고, 잘 되는 것에는 잘 되는 것이 달라붙고, 안되는 것에는 안 되는 것이 달라붙는 원리입니다.

물론 이것은 안 되지만 저것은 잘 되고, 이것은 잘 되지만 저것은 안 되는 경우도 있습니다. 그래서 인간사가 그리 간단한 것이 아니고 말이라는 것이 그리 쉬운 것은 아닙니다. 그러니 일관적으로 모두에게 적용하면 안 됩니다.

하지만 일반적으로 볼 때 잘 되는 사람은 뭐든지 하기만 하면 잘 됩니다. 왜 그렇습니까? 잘 되는 것은 잘 되는 것을 붙이기 때문입니다. 그런데 이상하게도 안 되는 사람은 뭐든지 이상하게 안 되기만 합니다. 안 되는 것은 안 되는 것을 붙이기 때문에 그렇습니다. 그러니까 빨리 나를 바꾸십시오. 이것이 더블의 법칙입니다.

> 옛 속담에 말하기를 악은 악인에게서 난다 하였으니 내 손이 왕을 해하지 아니하리이다(삼상 24:13)

악은 악인에게서 난다고 그랬습니다. 악이 있으면 악인이 되고 이것을 뒤집어 말하면 악인이기에 악이 나온다는 것입니다. 이 더블의 법칙을 다른 말로 바꾸면 끼리끼리의 법칙입니다.

새도 끼리끼리 모이고, 짐승도 끼리끼리 모입니다. 착한 사람은 착한 사람끼리 모이고 악한 사람은 악한 사람끼리 모입니다. 술꾼은 술꾼끼리 모이고 화투꾼은 화투꾼끼리 모입니다. 낚시꾼은 낚시꾼끼리 모이고 춤꾼은 춤꾼끼리 모입니다. 마찬가지로 예수꾼은 예수꾼끼리 모입니다. 이렇게 끼리끼리 모입니다.

형제가 한둘인 집에서는 잘 모르지만 형제가 많은 집은 이런 모습이 두드러집니다. 명절 같은 날 많은 형제들이 모이면 '야! 가서 한잔씩 하자.' 이렇게 한잔 팀이 나누어집니다. '술 마시면 몸 버려. 놀면 뭐 하겠어! 우리 고스톱이라도 치자.' 이렇게 고스톱 팀이 나뉩니다. 취미 따라서 끼리끼리 나뉘어서 모이는 겁니다.

은혜 받은 사람은 은혜 받은 사람끼리 모이고 시험 든 사람은 시험 든 사람끼리 함께 다닙니다. 그렇게 신기할 수가 없습니다. 그러므로 나를 알고 싶다면 내가 속한 무리를 보십시오.

매일 누구를 만납니까? 만나는 사람이 누구인가를 보면 나에 대하여 정확하게 알 수 있습니다. 그러므로 친구를 탓하지 말고 그런 친구가 붙는 나를 탓하십시오. 좋지 않은 친구가 자꾸 붙거든 '왜 이렇게 나를 괴롭히지?' 라고 생각하지 말고 그들이 붙는 요소가 내게 있음을 깨달아야 합니다.

탕자를 보십시오. 탕자가 아버지 집을 떠나서 돈이 많았을 때에는 얼마나 친구가 많았습니까? 그런데 돈이 다 떨어지니까 한 명도 남지 않습니다. 좋은 체질로 바꾸십시오. 악한 체질을 산성 체질이라고 하고 좋은 체질을 알칼리성 체질이라고 합니다. 악은 모양만 버리는 것이 아니라 체질까지 바꿔야 합니다.

> 어리석은 자들은 어리석음을 좋아하고 거만한 자들은 거만을 기뻐하며 미련한 자들은 지식을 미워하니 어느 때까지 하겠느냐
> (잠 1:22)

> 악이 악인을 죽일 것이라(시 34:21)

악인은 자기가 가지고 있는 악 때문에 죽는다는 말입니다. 그러므로 악은 모양이라도 버리고 범사에 헤아려 좋은 것을 취해야 합니다.

> 누구든지 악으로 선을 갚으면 악이 그 집을 떠나지 아니하리라
> (잠 17:13)

악으로 선을 갚아버리면 그것으로 끝나는 줄 알았더니 악이 떠나지 않고 그 집을 계속 쫓아다닌다고 말씀하십니다. 선으로 악을 갚으면 선이 계속 쫓아다니지만, 악으로 선을 갚아 버리면 악이 계속 쫓아다닌다는 겁니다. 이것이 선으로 악을 이겨야 되는 이유입니다. 그럴 때 선이 나에게 붙어 다니기 때문입니다.

꽃에는 벌과 나비가 날아오지만, 똥에는 똥파리만 날아옵니다. 이것이 세상의 이치입니다. 그러니까 남을 탓할 것 없습니다. 내 자신이 꽃이냐 똥이냐를 먼저 돌아보십시오.

악을 버려야 인생이 바뀐다

악은 왜 모양이라도 버려야 합니까? 이것이 아주 중요합니다.

"악에서 구하옵소서"

주기도문에서 이 구절을 영어 성경으로 보면 이렇습니다.

And lead us not into temptation(유혹 속으로 나를 이끌어가지 마시고) but deliver us from the evil one(악으로부터 우리를 구원하시옵소서) (마 6:13)

우리말로는 '악에서 우리를 구원하소서' 라고 번역되어 있는데 영어 성경에는 '악한 자(evil one)' 로부터 나를 구원해 달라고 되어 있습니다. 즉 악을 인격화시키면 그게 바로 악한 자요, 곧 마귀입니다.

예수님께서 씨 뿌리는 비유를 말씀하실 때 뭐라고 하십니까? 주님은 좋은 씨를 뿌렸는데 가라지가 났습니다. 그때 주님께서는 똑같은 말을 다양하게 하십니다.

아무나 천국 말씀을 듣고 깨닫지 못할 때는 악한 자가 와서 그 마음에 뿌리운 것을 빼앗나니 이는 곧 길가에 뿌리운 자요 (마 13:19)

말씀이 길가에 뿌리웠다는 것은 이들이니 곧 말씀을 들었을 때에
사단이 즉시 와서 저희에게 뿌리운 말씀을 빼앗는 것이요(막 4:15)

길가에 있다는 것은 말씀을 들은 자니 이에 마귀가 와서 그들로
믿어 구원을 얻지 못하게 하려고 말씀을 그 마음에서 빼앗는 것이
요(눅 8:12)

마태복음에서는 '악한 자' 라고 했고 마가복음에서는 '사단' 이라
고 하고 누가복음에서는 '마귀' 라고 합니다. 그렇다면 마태복음에
는 악한 자가 오고, 마가복음에는 사단이 오고, 누가복음에는 마귀
가 오는 것입니까? 그것이 아니라 다 같은 놈입니다. 즉 악한 자,
사단, 마귀는 모두 같은 존재입니다.

그러므로 선은 하나님의 속성이요, 악은 마귀의 속성입니다. 좋
은 것은 하나님의 속성이요, 나쁜 것은 마귀의 속성입니다.

이 두 개의 안경을 가지고 세상을 바라보십시오. 그럴 때 세상이
바르게 보입니다. 돈이라고 다 똑같은 것이 아닙니다. 돈도 두 개
의 안경을 쓰고 보면 선한 돈이 있고 악한 돈이 있습니다. 열심히
일해서 정당하게 벌어 쓰는 돈은 선한 돈입니다.

그런데 잘못 번 돈 즉 도박을 해서 번 돈, 강도 짓해서 번 돈, 사
기 쳐서 번 돈, 공금을 횡령한 돈은 모두 악한 돈입니다.

그러니 다 같은 돈이 아님을 명심하십시오. 절대 악한 돈은 내게
유익하지 않습니다. 즉 악은 모양이라도 버리라는 것은 악한 돈이

라면 그것도 버리라는 것입니다.

노래도 선한 노래가 있고 악한 노래가 있습니다. 그러니까 노래를 바꾸십시오. 선한 노래만 불러도 성공합니다. 말에도 선한 말이 있고 악한 말이 있습니다. 생각에도 선한 생각이 있고 악한 생각이 있습니다. 마음에도 좋은 마음이 있고 나쁜 마음이 있습니다. 체질에도 좋은 체질이 있고 나쁜 체질이 있습니다.

습관에도 좋은 습관이 있고 나쁜 습관이 있습니다. 부지런한 것, 열심히 하는 것, 정직한 것, 깔끔한 것은 좋은 습관입니다. 하지만 게으른 것, 열심이 없는 것, 부정직한 것, 흐리멍덩한 것, 꼬질꼬질한 것은 나쁜 습관입니다. 꼬질꼬질해서 대성한 사람을 보았습니까? 습관도 나쁜 것은 버려야 합니다.

인상도 얼마나 중요한지 모릅니다. 저는 숱하게 많은 사람을 만납니다. 그들은 저를 보겠지만 저 역시 그 사람들을 봅니다. 군대에서 장군 자리에 오른 사람들의 얼굴을 보십시오. 인상이 딱 장군감입니다. 사업에서 성공한 사람들 보십시오. 딱 성공한 사람의 얼굴입니다.

성경을 읽던 가운데 놀란 적이 있습니다. 하나님은 우리 얼굴을 도와주신다는 것입니다. 친절하십시오. 상냥하십시오. 명랑하십시오. 언제 어디서 누구를 보든지 친절하고 상냥하고 명랑하십시오.

쉽지 않겠지만 그래도 친절하도록, 명랑하도록 노력하십시오. 즐거운 노래를 부르고 즐거운 음악을 듣고 항상 웃도록 노력하십시오. 마음의 근육이 즐거움으로 얼굴의 근육이 웃는 것은 굉장히 중요합니다. 친절이 얼마나 큰 재산인 줄 아십니까? 뭔가 해낸 사람들은 한결같이 친절했습니다. 인상이 좋았습니다.

잘 생겼는가, 못 생겼는가를 말하는 것이 아닙니다. 아무리 잘 생겨도 인상 쓰는 여자보다는 못 생겼어도 웃는 여자의 인상이 훨씬 좋습니다. 인상과 인물이 무엇이 다릅니까? 인물은 부모로부터 물려받은 것입니다. 그러니까 인물을 가지고 뭐라고 하면 안 됩니다. 하지만 인상은 자신의 몫입니다. 그러니까 웃으십시오.

세상 사람들도 웃으면 복이 온다고 하지 않습니까? 하나님은 얼굴을 도와주십니다.

가룟 유다는 사단이 주는 생각으로 마음이 가득 찼기 때문에 날마다 성질만 내고 결국 망치는 인상으로 결론을 내리고 맙니다. 하지만 베드로는 비록 실수했지만 그의 마음속에는 하나님이 주는 생각으로 가득 차서 주님을 위한 충성을 고백하다가 결국 주님을 위해서 큰 일을 하지 않습니까?

삶을 돌아보십시오. 내 속에 좋은 것이 많습니까, 아니면 나쁜 것이 많습니까? 선이 많습니까, 악이 많습니까? 많고 적음의 문제가 아니라 하나님은 좋은 것은 취하고 악은 모양이라도 버리라고 말씀하십니다. 변한다는 것이 얼마나 어려운지 모릅니다. 바꾼다는 것이 얼마나 어려운지 모릅니다.

구스인이 그 피부를, 표범이 그 반점을 변할 수 있느뇨 할 수 있을 진대 악에 익숙한 너희도 선을 행할 수 있으리라 (렘 13:23)

바뀐다는 것이 그 만큼 어렵습니다. 그 만큼 어렵기에, 내 힘으로 안 되기에 믿음이 필요하고 기도가 필요한 것입니다. 인간으로는 할 수 없으되 하나님은 하실 수 있습니다.

> 예수께서 이르시되 할 수 있거든이 무슨 말이냐 믿는 자에게는 능치 못할 일이 없느니라(막 9:23)

믿는 자는 얼마든지 바뀔 수 있습니다.

> 사람으로는 할 수 없으되 하나님으로는 그렇지 아니하니 하나님으로서는 다 하실 수 있느니라(막 10:27)

> 내게 능력 주시는 자 안에서 내가 모든 것을 할 수 있느니라(빌 4:13)

믿음이 없을 때에는 신앙생활이 힘듭니다. 하지만 걱정할 것 없습니다. 왜 그렇습니까? 내가 하려면 힘들지만 하나님께서 하게 하시면 쉽기 때문입니다. 믿음도 좀더 자세히 살펴보면 내가 예수님을 믿는 것이 아니라 주님께서 내 안에서 나로 하여금 믿도록 하시는 것입니다. 정확하게 말하면 예수는 믿는 게 아니라 믿어지는 겁니다. 그러니까 쉬운 겁니다. 예수님을 믿으려고 하니까 어려운 것이지 예수님이 믿어지면 쉽습니다.

변화하려고 하니까 어려운 것이지 변화가 되어지면 쉽습니다. 그것이 바로 하나님 앞에 맡기는 것입니다. 나의 일생을 하나님 앞에 맡기면 하나님께서 나의 일생을 책임져주시고 인도하셔서 여러분의 삶에 놀라운 변화가 일어나게 될 것입니다.

수고하고 무거운 짐 진 자들아 다 내게로 오라 내가 너희를 쉬게 하리라(마 11:28)

"범사에 헤아려 좋은 것은 취하고 모든 것을 테스트해서 좋은 것은 꼭 잡고 모든 악한 종류의 것들은 피해 버려라."

(Test everything. Hold on to the good. Avoid every kind of evil.)

우리의 삶 가운데에서 버려야 될 것들이 있다면 하나하나 점검해 보십시오. 그래서 악이 떠오르면 과감히 버리고 선한 것들을 붙이십시오. 살림도 생각도 언어도 삶도 모두 바뀌어서 하나님의 은혜와 축복의 삶으로 변화되기를 바랍니다.

시기

또한 너희가 이 시기를 알거니와 자다가 깰 때가 벌써 되었으니 이는 이제 우리의 구원이 처음 믿을 때보다 가까왔음이니라 밤이 깊고 낮이 가까왔으니 그러므로 우리가 어두움의 일을 벗고 빛의 갑옷을 입자 낮에와 같이 단정히 행하고 방탕과 술 취하지 말며 음란과 호색하지 말며 쟁투와 시기하지 말고 오직 주 예수 그리스도로 옷 입고 정욕을 위하여 육신의 일을 도모하지 말라(롬 13:11-14)

샘하여 미워함

그 시대의 언어나 속담은 그 나라의 수준과 성향을 알 수 있는 바로미터(Barometer)가 됩니다. 이런 면에서 볼 때 우리 민족이 바꾸고 고쳐야 될 속담이 몇 가지 있습니다. 그중에 하나가 "사돈이 논을 사면 배가 아프다"는 것입니다.

사돈이 논을 사면 내 배가 평안해야지 왜 내 배가 아픕니까? 생각해 보십시오. 사돈이라도 잘 살아야지, 사돈이 못 살면 얼마나 부담이 되겠습니까? 그러니까 사돈이 논을 사면 내 속이 좋아지는 것이 마땅합니다.

"못 먹는 감 찔러나 보자." 이 속담도 고쳐야 합니다. 왜 못 먹을 것을 알면서 찌릅니까? 그대로 두어야 다음 사람이 따먹을 수 있지 않겠습니까? 그런데 당장 내가 먹지 못한다고 해서 찔러본다니 정말 놀부 심보 아닙니까?

개인적으로 생각할 때 천국에서 특별 심사를 받아야 할 사람들이 있습니다. 예를 들어 극장에서 영화 보고 돌아갈 때 의자에 껌 붙이는 사람들이 특별 심사 대상입니다. 얼마나 고약합니까? 극장은 데이트하는 연인들이 많이 가는 곳입니다.

모처럼 옷도 예쁘게 차려입고 극장에서 영화를 본 후 일어나는데 옷에 껌이 붙어있다면 얼마나 황당하겠습니까? 그것보다 더 나쁜 사람도 있습니다. 새 차 옆문 쪽을 못으로 긁어놓는 사람들입니다. 차라리 깨진 유리는 유리만 바꾸면 되지만 긁힌 차 문은 수리하려면 여간 곤란한 것이 아닙니다.

왜 우리 속담은 사돈이 논을 사면 배가 아프고, 못 먹는 감은 찔러나 본다고 합니까? 왜 극장 의자에 껌을 붙이고, 남의 새 차를 못으로 벅벅 긁습니까? 시기 때문입니다. 남들이 잘되는 것을 보지 못하는 사람들이 그렇게 하는 것입니다.

본문에서는 '시기'라는 단어가 두 번 나옵니다. 하나는 때를 의미하는 시기이고 하나는 샘하여 미워하는 시기를 뜻합니다. 지금부터 살피고자 하는 시기는 두 번째 의미 즉 샘하여 미워하는 시기입니다.

한국 사람과 일본 사람을 놓고 볼 때 각 사람의 역량은 우리 민족이 훨씬 낫다고 합니다. 그런데 이상하게도 함께 모아놓으면 일본 사람이 훨씬 강하다고 합니다. 그래서 한국 사람은 모래알 같고 일본 사람들은 찰흙 같다고 하지 않습니까?

한 대기업에서 국제적으로 사원을 모집했습니다. 그 회사에 한국 사람이 세 명 입사했고 일본 사람도 세 명 입사했습니다. 여섯 명의 평사원들은 진급을 하기 위해서 열심히 일도 하고 공부도 했습니다. 어느 정도 시간이 흘러서 시험을 봤습니다.

시험을 치르고 나니까 그들 안에서도 서열이 생깁니다. 한국인들 가운데에서도 1등, 2등, 3등이 있고 일본인들 가운데에서도 1등, 2등, 3등이 있습니다.

이 때 두 나라의 민족성이 확연히 다르게 나타난다고 합니다. 일본 사람들은 서열이 정해지면 그것을 인정하고 받아들입니다.

'그래, 네가 나보다 낫다.'

그리고는 2등과 3등이 1등을 밀어줍니다. 말이나 행동에서 진심으로 1등을 밀어줍니다. 1등의 훌륭한 점과 나은 점들을 자꾸만 드러내고 자랑합니다.

"그 사람은 훌륭합니다. 우리보다 낫습니다. 참 좋은 사람입니다."

이렇게 좋은 평판을 해주면서 그에게 힘을 실어주고 이 사람이 계속 진급할 수 있게 하여 최고 경영자의 자리에 올라갈 때까지 도와준다는 것입니다.

이렇게 사장이 된 사람은 자기를 믿고 도와준 두 사람을 끌어당겨서 부사장, 전무 이렇게 윗자리에 세운다고 합니다.

그런데 한국 사람은 다르다는 것입니다. 시험을 치르고 1등, 2등, 3등 서열이 정해질지라도 그 결과를 인정하지 않습니다.

"아무래도 커닝을 한 모양이야. 걔가 진급될 리가 없어."

좋지 못한 소문을 냅니다.

놀라운 소식을 들은 적이 있습니다. 미국이나 뉴질랜드와 같은 나라의 불법이민자들은 정부 차원에서는 잡아낼 도리가 없다고 합니다. 왜냐하면 우리나라처럼 함부로 주민등록증을 보자고 할 수 없기 때문입니다. 그렇게 하면 심각한 '개인 침해'가 됩니다. 그러니까 잡아낼 수 없습니다.

그런데 어떻게 우리나라 사람들의 불법체류가 들켜서 잡히는지 아십니까? 누군가 고발하기 때문입니다. 놀라운 사실은 그 고발자가 다름 아닌 같은 한국 사람이라는 것입니다.

오히려 잡으러 왔던 미국 사람이 묻는답니다.

"너네는 니들끼리 고발하냐?"

타국에서 서로 돌보고 아끼고 공존하며 사는 것이 아니라 조금만 비위에 거슬리면 '저 사람은 시민권도 없잖아. 추방시켜 버려야 돼.' 하고는 고발합니다. 이렇게 자기 민족을 고발해서 쫓겨나도록 하는 나라는 세계적으로 우리나라 밖에 없다고 합니다. 그러니 미국 사람들도 쫓아내면서 우리에 대하여 어떻게 생각하겠습니까? 웃기는 민족이라고 하지 않겠습니까?

우리 민족의 성향을 가장 잘 보여주는 오락기계가 있습니다. 혹시 길가나 오락실 근처에서 커다란 상자 안에서 튀어 올라오는 두더지를 망치로 때려잡는 기계를 보았습니까? 이것이 우리 속성에 딱 맞는 오락입니다.

하여튼 우리는 머리만 내밀면 난도질을 합니다. 정계나 재계나 교계를 막론하고 어디서든지 뜨면 죽습니다. 차라리 가만히 있으면 중간이라도 갑니다. 하지만 솟았다 하면 죽습니다. 누군가 너무 솟아오르면 일단 두더지 패듯이 보이지 않는 손이 때려잡아서 죽게 하는 민족이 우리나라라니 얼마나 서글픕니까?

우리나라가 고쳐야 할 것들이 있습니다. 우선 최선을 다하여 경쟁하되 주어진 결과에 대해서는 인정하는 것입니다. 이미 되어진 결과라면 순복하십시다. 나보다 나은 사람을 보면 그대로 인정하십시다. 뒤에서 험담하지 말고 인정해주십시오. 이것이 넉넉한 마음입니다.

예쁜 친구를 보면 뭐라고 합니까?

"걔가 예쁘긴 한데 머리는 영 나빠, 그치?"

머리 좋은 친구에게는 뭐라고 합니까?

"머리만 좋으면 뭐해? 얼굴이 그 모양인데."

왜 인정하지 못합니까? 인정하십시오.

우열이 결정되면 밀어주고 당겨줍시다. 일단 우열이 결정되면 뒷사람은 앞사람을 밀어주고, 앞사람은 뒷사람을 당겨주십시오. 이렇게 서로 밀어주고 당겨줄 때 모두 잘 될 수 있습니다.

시기는 서로 망하는 길

도무지 인정할 수 없는 결정적 요인이 무엇입니까? '이기'와 '시기' 때문입니다. 나만 생각하는 이기주의, 남이 잘 되면 샘하는 시기 때문에 밀어주고 당겨주는 관계를 이루지 못합니다. 이러한 시샘 때문에 내가 잘 될 때보다 남이 안 될 때 더 행복해하고 즐거워합니다.

똑같이 고3 자녀를 둔 부모가 있습니다. 그런데 이 둘 사이가 별로 좋지 않습니다. 이 아이들이 대학시험을 치렀습니다. 한 집은 붙었습니다. 그러니 너무나도 좋습니다. 그런데 아들이 대학에 붙은 것보다 더 좋은 것이 뭔지 아십니까? 저 집 아들이 떨어진 것입니다. 자기 아들 붙은 것보다 저 집 아들 떨어진 것이 더 좋습니다. 이것이 시기의 무서운 실체입니다.

왜 시기하면 안 됩니까? 시기는 서로 망하는 길이기 때문입니다.

> 분노가 미련한 자를 죽이고 시기가 어리석은 자를 멸하느니라
> (욥 5:2)

분노는 미련한 자를 죽입니다. 말을 뒤집자면 미련한 자는 분노 때문에 죽습니다. 시기는 어리석은 자를 멸합니다. 어리석은 자는 시기 때문에 죽는다는 것입니다. 미련한 자는 분노하고 어리석은 자가 시기합니다. 왜 분노하면 안 되고 왜 시기하면 안 됩니까? 서로 망하기 때문입니다. 이것이 시기의 무서운 점입니다.

한 임금이 충신들을 불러서 상을 내렸습니다. 그런데 임금이 상을 주는 방식이 참으로 특이합니다. 앞 사람에게 한 몫을 주면 다음 사람에게는 앞 사람의 두 몫을 줍니다. 한 사람이 한 덩이의 금을 받으면 다음 사람은 두 덩이 금을 받게 됩니다. 이렇게 앞사람은 하나 주고 뒷사람은 앞 사람의 두 배를 주기를 반복합니다.

이제 '시기'라는 사람이 상을 탈 차례입니다. 그런데 이 '시기'가 여간 고민이 되는 것이 아닙니다. 내가 금덩이를 하나 받아 가면 다음 사람은 두 개를 받아 갈 것 아닙니까? 고민하다가 임금에게 이렇게 말했다고 합니다.

"임금님, 상으로 제 눈을 하나 빼주십시오."

그러면 다음 사람은 몇 개를 빼야 됩니까? 이것이 시기의 무서운 실체입니다.

이렇게 한들 무슨 유익이 있습니까? 시기 때문에 사회가 망하고 가정이 망하고 직장이 망해갑니다.

이 나라 이 민족이 어려움 가운데 빠지는 결정적 요인이 바로 이 시기입니다.

이 나라 교회들이 흔들리고 어려움에 처하게 된 결정적인 요인 역시 시기입니다.

사랑하지 못하고 이해하지 못하고 관용하지 못합니다. 그러니까 큰일을 해야 할 사람이 작은 일에 머물고, 더 좋은 일을 해야 할 사람이 하지 못하게 됩니다. 오늘도 시기 때문에 얼마나 위대한 사람들이 사라져가고 있는지 모릅니다.

사랑은 이와 반대입니다. 어떤 나라에 자꾸만 절도가 일어나는 것입니다. 도저히 안 되겠다 싶어서 임금님이 엄명을 내렸습니다.

"지금까지 있었던 절도에 대해서는 모두 용서해주겠다. 그러나 오늘 이후로 절도하는 사람이 있으면 두 눈을 빼버리겠다."

임금님의 특단의 조치 때문인지 그 후 한동안 절도가 사라졌습니다. 그런데 임금님의 말을 가장 듣지 않는 자가 누구입니까?

자식입니다. 임금님의 자식이 절도죄를 범하여서 붙잡힌 것입니다. 붙잡혀 온 아들을 보니 이만 저만 고민이 아닙니다. 자식이라 봐주자니 법의 질서가 무너지고 법대로 하자니 아들이 장님이 됩니다. 고민하다가 임금님이 결단을 내립니다.

"눈을 빼라."

한쪽 눈을 뺐습니다.

다른 쪽 눈을 빼려고 하는 순간 왕이 외칩니다.

"하나는 내 눈을 빼라!"

그렇습니다. 내가 짊어져주는 것이 사랑입니다. 이와 반대로 남에게 나쁜 것을 모두 지도록 하는 것이 시기입니다.

하나님은 아브라함에게 이렇게 말씀하십니다.

너를 축복하는 자에게는 내가 복을 내리고 너를 저주하는 자에게는 내가 저주하리니 땅의 모든 족속이 너를 인하여 복을 얻을 것이니라(창 12:3).

이 말씀을 읽으면서 얼마나 큰 은혜를 받았는지 모릅니다. 자꾸 잘 되는 사람을 칭찬하면 자기도 잘 됩니다. 그런데 잘 되는 사람을 시기하고 험담하면 자기도 안 된다는 것입니다. 이것이 원리입니다.

부자 되기를 원합니까? 자꾸 부자를 칭찬하십시오. 그래야 칭찬하는 사람도 부자가 될 수 있습니다. 축복하는 자가 축복받고 저주하는 자가 저주를 받습니다. 사랑하는 자가 사랑을 받고 시기하는 자가 시기를 받습니다. 남을 축복하는 자는 본인도 복을 받지만 남을 저주한 자는 본인도 저주를 받게 된다는 것입니다.

내가 잘 될 때 나를 시기하던 그가 망하게 되고 그가 잘 될 때 내가 그를 시기함으로 망하게 되니 이처럼 시기는 서로가 서로를 멸망케 합니다. 그러니 시기하지 말고 이해하고 관용하고 용서하시고 사랑하십시오. 이것이 그리스도의 마음이며 넉넉한 마음입니다.

시기는 마귀의 성품

왜 시기하면 안 됩니까? 시기는 육신에 속한 성숙되지 못한 마귀의 성품이기 때문입니다.

> 너희가 아직도 육신에 속한 자로다 너희 가운데 시기와 분쟁이 있으니 어찌 육신에 속하여 사람을 따라 행함이 아니리요
> (고전 3:3)

육체의 일은 현저하니 곧 음행과 더러운 것과 호색과 우상 숭배와

술수와 원수를 맺는 것과 분쟁과 시기와 분냄과 당 짓는 것과 분

리함과 이단과 (갈 5:19, 20)

"육체의 일은 현저하니(The acts of the sinful nature are obvious)"

즉 죄성을 가지고 있는 육체적인 행동들은 분명하다는 겁니다.

그렇다면 무엇이 육체의 일입니까?

'음행' 입니다. 음행은 더러운 것입니다.

'호색' 입니다. 남자라면 여색을 즐기는 것이고, 여자라면 남색을 즐기는 것입니다.

'우상 숭배와 술수' 입니다. 여기에서 술수란 봉투 들고 점쟁이 쫓아다니는 것을 말합니다.

'원수를 맺는 것' 입니다. 즉 내 눈에 흙이 들어가기 전에 그 꼴 못 본다는 사람이 얼마나 많습니까? 그렇게 원수를 맺으면서 살아가는 사람이 참으로 많습니다.

'분쟁과 시기와 분냄과 당 짓는 것' 입니다. 교회 안에서도 자기 당을 만드는 사람들이 있습니다. 이런 무리들은 교회 안에서 암적인 존재입니다. 우리 몸의 세포가 전체적으로 조화를 이루고 살아야지 몇몇이 똘똘 뭉쳐서 덩어리로 있다면 그것이 암 아닙니까? 즉 교회 안에서 당을 짓는다면 그 것 역시 교회의 암이 됩니다.

'분리함과 이단과 투기' 입니다. 투기는 질투, 시샘입니다.

'술 취함'입니다. 특히 요즘은 여자들도 너무 자연스럽게 술을 마시고 술에 취합니다.

이러한 육체의 일들이 왜 문제가 됩니까? 하나님의 나라를 유업으로 받지 못할 일들이기 때문입니다.

> 전에 너희에게 경계한 것 같이 경계하노니 이런 일을 하는 자들은
> 하나님의 나라를 유업으로 받지 못할 것이요 (갈 5:21)

시기하는 자는 하나님의 나라를 유업으로 받지 못하므로 시기하면 안 됩니다. 자신이 육신의 사람인가 영의 사람인가, 마귀의 사람인가 성령의 사람인가 궁금합니까?

그렇다면 그의 삶에 나타나는 열매를 보면 알 수 있습니다. 그런데 분명히 알아야 할 것은 시기는 성령의 사람이 맺는 성령의 열매가 아니라 육신의 사람이 맺는 마귀의 열매라는 사실입니다.

그렇다면 어떻게 해야 합니까? 육신의 소욕을 벗어버리고 마귀의 속성을 죽여야 합니다.

시기가 있습니까? 벗어버리십시오. 다 놓아버리십시오.

시기는 벗어야 될 어두움의 일

왜 시기하면 안 됩니까? 시기는 우리가 벗어야 될 어두움의 일이기 때문입니다.

본문말씀은 서로 대칭을 이루고 있습니다.

'자다가 깰 때라.' 육신적으로도 깨야 되지만 영적으로도 깨어야 합니다. 육신적으로 깨어 있으면 도둑이 들어오는 소리를 듣고 물리칠 수 있습니다. 기침만 해도 도둑은 물러갑니다. 영적으로도 마찬가지입니다. 영적으로 깨어 있으면 마귀가 움직이는 것이 보입니다. 그럴 때 기도하면 됩니다.

깨어 있어야 합니다. 깨어 있는 사람은 날마다 새벽제단을 쌓습니다. 육신뿐만 아니라 영혼도 깨우십시오. 그래서 영적으로 마귀가 우리의 삶에 틈타지 못하도록 지키기를 바랍니다.

> 밤이 깊고 낮이 가까웠으니 그러므로 우리가 어두움의 일을 벗고
> 빛의 갑옷을 입자 낮에와 같이 단정히 행하고(롬 13:12)

밤에 나타나는 벗어야 될 행동들입니다.

"방탕과 술 취하지 말며 음란과 호색하지 말며 쟁투와 시기하지 말고" 이런 것들을 벗어버리고 그리스도로 옷 입읍시다.

여러분의 삶을 돌아보십시오. 육신의 일을 도모하며 마귀의 옷을 입고 있습니까, 아니면 영적인 일을 도모하며 그리스도로 옷을 입고 있습니까?

> 살리는 것은 영이니 육은 무익하니라 내가 너희에게 이른 말이 영
> 이요 생명이라(요 6:63)

그렇습니다. 살리는 것은 영입니다. 육신은 결국 무익한 것입니다. 그렇다고 해서 육신이 필요 없다는 말은 아닙니다. 우리의 영이 온전히 구원에 이를 때까지는 육신이 필요합니다. 마치 콩과 콩깍지처럼 말입니다. 콩이 다 영글면 밖으로 톡 떨어지고 콩깍지는 휙 비틀어지지 않습니까? 그러면 비틀어진 콩깍지들을 걷어다가 태웁니다. 이제 더 이상 콩깍지는 아무런 필요가 없습니다.

하지만 콩이 영글 때까지는 반드시 콩깍지가 필요합니다. 콩이 영글지도 않았는데 콩깍지가 비틀어져버리면 콩은 죽고 말기 때문입니다.

육신도 마찬가지입니다. 내 영혼이 완전히 그리스도의 장성한 분량으로 자랄 때까지는 육신이 반드시 필요합니다. 그러나 내 영혼이 성숙하면 육신은 마치 콩깍지가 비틀어지듯 그렇게 늙어 흙으로 돌아가게 됩니다. 그러니까 결국 육은 무익하고 영이 중요한 것입니다. 아무쪼록 삶 가운데 육신적인 것은 모두 벗어버리십시오.

시기는 건강을 해친다

왜 시기하면 안 됩니까? 시기는 몸의 건강을 해치기 때문입니다.

> 마음의 화평은 육신의 생명이나 시기는 뼈의 썩음이니라
>
> (잠 14:30)

의학이 발달할수록 육체의 건강도 결국 마음의 건강이요, 정신

의 건강임이 밝혀지고 있습니다. 이미 성경은 수천 년 전에 마음의 화평은 육신의 생명이지만 시기는 뼈를 썩게 한다고 말씀하셨습니다. 육신이 건강한 사람들은 마음이 평안합니다.

그런데 육신에 근육이 있듯이 영혼에도 근육이 있다는 사실을 아십니까? 우리말은 완벽하게 잘 발음하는 사람이 왜 영어 발음은 어눌한지 아십니까? 한국어를 할 때와 영어를 할 때 움직이는 근육이 다르기 때문입니다. 이처럼 한쪽 근육만 사용하면 다른 한쪽 근육은 잘 쓰지 못합니다. 이것은 얼굴도 마찬가지입니다. 잘 웃는 사람은 웃음의 근육이 발달합니다. 간혹 주름이 생길까봐 웃지 않는 사람들도 있습니다만, 웃다가 생긴 주름은 오히려 면류관입니다.

잘 우는 사람은 울음의 근육이 발달합니다. 화를 잘 내는 사람은 화내는 근육이 발달합니다. 잘 삐치는 사람은 삐치는 근육이 발달합니다. 걱정이 많은 사람은 걱정의 근육이 발달합니다. 잘 시기하는 사람은 시기의 근육이 발달합니다.

고기도 먹어본 사람이 잘 먹고, 웃음도 웃어본 사람이 잘 웃고, 사랑도 받아본 사람이 잘 합니다. 이처럼 마음에도 근육이 있습니다. 특히 화평케 하는 근육이 있습니다. 화평의 근육을 발달시키기를 바랍니다. 사랑의 근육을 발달시키기를 바랍니다.

화평과 사랑은 육신을 건강하게 하지만 시기와 미움은 뼈를 썩게 합니다. 그래서 하나님은 원수까지도 우리가 스스로 갚지 말라고 하십니다. 왜 그렇게 하십니까? 원수 갚기 전에 우리들이 먼저 죽을 것만 같기 때문입니다.

시기는 요란과 모든 악한 일

왜 시기하면 안 됩니까? 시기와 다툼이 있는 곳에는 요란과 모든 악한 일이 있기 때문입니다.

> 시기와 다툼이 있는 곳에는 요란과 모든 악한 일이 있음이니라
> (약 3:16)

> 그러므로 모든 악독과 모든 궤휼과 외식과 시기와 모든 비방하는
> 말을 버리고 (벧전 2:1)

외식, 시기, 비방하는 말들은 버리십시오. 여러분의 삶의 현장을 돌아보십시오. 자기의 마음을 돌아보십시오. 가정을 돌아보십시오. 직장을 돌아보십시오. 사업과 삶의 현장을 돌아보십시오. 모두 사랑 안에서 평안합니까?

그렇다면 깨어있는 사람입니다. 낮에 행하는 단정한 사람입니다. 그런데 그렇지 못하고 요란과 모든 악한 일이 있다면 아직도 벗어 버려야 될 밤의 행동이 있는 사람입니다. 어둠의 옷을 입고 있는 사람입니다.

원인을 보면 결과를 알 수 있고 결과를 보면 원인을 알 수 있듯, 지금 우리가 처한 삶의 현장을 바라보고 지금 우리가 가진 마음을 냉철하게 성찰하고 지금 우리의 언어를 냉철하게 돌아보십시오. 그리고는 모든 어둠의 일, 악한 일을 벗어버리고 그리스도를 옷 입

어 빛의 일, 선한 일을 하며 그리스도의 모습을 닮아가기 바랍니다.

　시기의 무서운 점은 시기가 가져다주는 피해 때문이기도 하지만 더 중요한 것은 시기하는 한 온전한 그리스도의 사람이 될 수 없기 때문입니다.

　그러니 내 자신이 시기의 대상이 되더라도 다른 누군가를 시기하지는 마십시오. 누군가 나를 시기하는 것은 어쩔 수 없습니다. 그러나 내가 누군가를 시기하지는 마십시오. 내가 미움의 대상이 될지라도 미워하지는 마십시오. 내가 비난의 대상은 될지라도 내가 비난하는 사람은 되지 마십시오. 왜냐하면 나는 그리스도로 옷 입은 그리스도의 사람이기 때문입니다.

간음

또 간음치 말라 하였다는 것을 너희가 들었으나 나는 너희에게 이르노니 여자를 보고 음욕을 품는 자마다 마음에 이미 간음하였느니라 만일 네 오른 눈이 너로 실족케 하거든 빼어 내버리라 네 백체 중 하나가 없어지고 온 몸이 지옥에 던지우지 않는 것이 유익하며 또한 만일 네 오른손이 너로 실족케 하거든 찍어 내버리라 네 백체 중 하나가 없어지고 온 몸이 지옥에 던지우지 않는 것이 유익하니라 또 일렀으되 누구든지 아내를 버리거든 이혼 증서를 줄 것이라 하였으나 나는 너희에게 이르노니 누구든지 음행한 연고 없이 아내를 버리면 이는 저로 간음하게 함이요 또 누구든지 버린 여자에게 장가드는 자도 간음함이니라(마 5:27-32)

좀더 잘 살아보겠다고, 좀더 행복해지겠다고 밤낮을 가리지 않고 열심히 일했지만 가정도, 사회도 노력한 만큼 행복해지기는커녕 나날이 파괴되어가는 힘든 현실 가운데 살아가고 있습니다. 이처럼 가정과 사회가 힘들어지는 요인 가운데 하나가 바로 간음입니다. 간음은 개인의 삶은 물론이고 가정과 사회까지 파괴합니다.

간음이란 간사 간(姦)과 음란할 음(淫)이 만나서 이룬 단어로서 부부 아닌 남녀가 성적 관계를 맺는 것을 뜻합니다.

간음의 현실

믿을 수 있는 한 통계를 보면서 얼마나 놀랐는지 모릅니다. 도무지 믿어지지 않습니다. 사실 어느 정도 과장이 된 듯 하여 항거하고 싶은 마음도 있습니다. 우리나라 이혼율이 43%라니, 억지로 인정하려고 해도 아무래도 잘못된 것 같습니다. 설마 이만큼이나 되겠습니까? 물론 이혼한 사람이 전혀 없다는 말은 아닙니다.

어쩌다 한두 사람은 이혼했습니다. 그런데 통계적으로는 이렇게 엄청나다고 합니다. 아무리 생각해봐도 잘못된 통계 같아서 궁여지책으로 이혼한 사람이 또 이혼하고 또 이혼하기를 반복하기 때문에 비율이 높아진 것은 아닐까 생각도 해봤습니다. 어쨌든 통계상 43%입니다.

1년에 낙태가 자행되는 숫자도 200만 건이라고 합니다. 즉 1년에 200만 태아들이 뱃속에서 죽어간다는 겁니다. 물론 낙태 역시 일괄적으로 말할 수 있는 문제는 아닙니다. 엄마의 생명이 위독하기 때문에 어쩔 수 없이 태중에 있는 아기를 포기해야 하는 경우도 있습니다. 또 태중에서 잘못되어서 낙태할 수밖에 없는 경우도 있습니다. 또 도저히 아기를 낳을 수 없는 형편인지라 낙태하는 경우도 있습니다.

그런데 이 모든 이유 가운데 가장 질이 나쁜 것은 남편의 아이가 아니기 때문에 자행되어지는 낙태입니다.

하지만 잊지 마십시오. 뱃속에 있는 아기 역시 천하보다 귀한 한 생명임을 말입니다.

대학생들의 동거비율이 10%라고 합니다. 대학가마다 원룸이 넘쳐납니다. 기숙사에 들어가지 못한 학생들을 위하여 세워진 원룸인데 10명 중 1명은 그 곳에서 동거를 한다고 합니다. 또 유흥업소에 종사하고 있는 여성인구가 33만 명입니다.

이 부분은 음성적으로 드러나지 않아서 그렇지 제가 볼 때에는 사실 이보다 훨씬 더 많을 것 같습니다.

또 우리나라 알코올 섭취량이 세계 2위입니다. 모순 아닙니까? 기독교 성장률이 세계에서 손꼽히는 우리나라가 알코올 소비량도 2등이라는 겁니다. 가장 큰 교회들이 많이 모인 강남에 가장 좋은 술집들도 거의 모여 있다고 합니다. 그러니 은혜와 죄악이 공존하는 현장 아닙니까?

도대체 왜 그렇습니까?

물론 강남 사람들은 말하기를, 그 지역 주민들이 마시는 것이 아니라 다른 지역 사람들이 와서 마시고 즐기는 것이라고 합니다. 여하튼 통계상 강남에는 크리스천이 가장 많고 그럼에도 불구하고 좋은 술집도 가장 많이 있습니다. 그렇다면 그 가운데에는 술 마시고 교회 다니는 사람도 있다는 것 아닙니까?

교통사고도 세계 2위입니다. 그나마 다행이라고 할 것은 전에는 1등이었는데 2등으로 내려갔습니다. 인터넷 음란 사이트, 인터넷

채팅을 해보지 않은 사람은 거의 없을 것입니다. 또 동서남북으로 깔려 있는 것이 러브호텔입니다.

세계를 다녀보면 우리나라처럼 여관이 많은 나라가 없습니다. 물론 미국 같은 나라에도 호텔이나 여관이 있습니다. 그런데 우리나라와 미국은 많이 다릅니다. 미국은 주말에는 손님들이 거의 없습니다. 즉 주중에 업무상 이유로 호텔이나 여관을 이용한다는 것입니다. 그런데 우리나라는 주말이 훨씬 더 바쁩니다.

또 그 나라 사람들은 저녁에 이용하는데 우리나라 사람들은 낮에도 많이 이용한다고 합니다. 이상하지 않습니까?

물론 그런 곳을 찾아다니는 사람들도 문제입니다. 하지만 정부에서도 고려해야 할 점이 있습니다. 은행자금을 굴리기 위해서 여관이든 술집이든 가리지 않고 대출해 주는데 그렇게 하면 일시적으로는 경제가 좋아질지 모르지만, 그 이후에 파탄되는 일들은 어떻게 수습할 것인지 심히 걱정이 됩니다.

신앙적인 수준까지는 이르지 못한다고 할지라도 도덕적인 선까지는 지키면서 이 나라가 유지되어야 하는 것 아닙니까? 경제만 활성화된다고 해서 해결될 문제가 아닙니다.

정선의 카지노 때문에 얼마나 많은 사람들이 망했습니까? 유능한 사람들이 집 없는 사람들이 되어 길거리를 헤매고 다닙니다. 경마, 경륜, 로또, 복권 때문에 얼마나 많은 가정들이 파괴되었는지 모릅니다. 물론 궁극적인 책임은 본인의 몫입니다.

하지만 그런 분위기를 조성해 간다면 나라에도 어느 정도 책임이 있는 것 아닙니까? 때문에 믿음이 성숙한 크리스천들이 정부의 중요한 요소요소마다 들어가야 합니다. 정책을 세울 때 너무나도 비도덕적이라면 아무리 나라가 떼돈을 벌지라도 안 된다고 말할 수 있는 크리스천 인재들이 있어야 합니다.

아무리 건설경기를 활성화하는 것도 중요하지만 아무런 기준과 생각 없이 여관을 지어서는 안 됩니다.

간음에 대한 성경의 경고

간음에 대하여 성경은 뭐라고 경고합니까?

간음하지 말지니라(출 20:14)

10계명 가운데 7계명입니다.

네 딸을 더럽혀 기생이 되게 말라 음풍이 전국에 퍼져 죄악이 가
득할까 하노라(레 19:29)

딸을 기생으로 만들지 말라고 합니다.

우리나라의 33만 명 직업여성을 보십시오. 하나같이 곱고 예쁩니다. 그 아름다운 미모를 가지고 아름답게 살아간다면 얼마나 좋겠습니까? 미모는 가꾼다고 되는 것이 아니라 타고나는 하나님의 은혜요 은총입니다.

먹어서 키가 큽니까? 가꿔서 몸매가 예뻐집니까? 어느 정도는 도움이 되겠지만 근본적으로 잘 타고나야 합니다. 그런데 왜 부모님이 주신 아름다움, 하나님이 주신 아름다움을 그런 식으로 쓰는지 안타깝습니다. 그 출중한 미모에 착하고 좋은 신랑 만나서 행복하게 살면 얼마나 좋겠습니까?

자신의 입장에서만 생각하지 말고 부모님의 입장에서, 하나님의 입장에서 한번 생각해보십시오. 물론 그럴 수밖에 없었던 여러 가지 어려운 요인도 있었을 것입니다. 하지만 좁은 믿음의 길을 걸으면서 이겨내야 합니다.

> 이스라엘 여자 중에 창기가 있지 못할 것이요 이스라엘 남자 중에
> 미동이 있지 못할지니(신 23:17)

미동이란 잘생긴 남자 즉 남창을 뜻합니다.
본문을 통하여 몇 가지 중요한 교훈을 얻을 수 있습니다.

> 또 간음치 말라 하였다는 것을 너희가 들었으나 나는 너희에게 이
> 르노니 여자를 보고 음욕을 품는 자마다 마음에 이미 간음하였느
> 니라(27절)

행동은 삼 단계로 나옵니다. 엄격하게 구분하자면 사 단계라고 해야 더 정확합니다. 생각의 단계, 마음의 단계, 말의 단계, 행동의

단계입니다. 머리로 생각하고, 가슴으로 마음먹고, 입으로 말하고, 몸으로 행동하는 단계가 있습니다.

그러니까 몸으로 간음하지 말라고 했지만 하나님은 우리들에게 머리로 생각하지 말며, 가슴으로 마음먹지 말라고 하십니다.

결혼한 지 10년이 조금 넘는 부부가 있었습니다. 자녀도 둘을 낳고 집도 장만하고 비교적 안정된 생활을 하면서 살았습니다. 겉으로는 전혀 부러울 것이 없는 행복하고 모범적인 가정이었습니다. 그런데 남편이 출근한 후 아내가 집안 청소를 하다가 남편 책상 위에 있는 노트 한 권을 보게 됩니다. 남편의 일기장이었습니다.

처음부터 작정하고 본 것은 아니지만 책상에서 툭 떨어지면서 한쪽 면이 펼쳐진 것입니다. 그래서 눈에 띄는 곳을 읽었습니다. 제목이 이렇습니다.

'그리운 숙아'

그러니 어떻게 안 읽겠습니까? 긴장하면서 계속 읽었습니다.

'그리운 숙아 너는 지금 어디서 살고 있니? 우리가 헤어진지도 벌써 10년이 넘었구나. 나도 이미 결혼해서 아이가 둘이지만, 아직까지도 너를 잊지 못하고 있단다. 나는 아내를 품에 안으면서도 눈을 감고 너를 품는 모습을 상상하고 잠자리에 들곤 한단다. 아이들과 마주앉아 식사를 하다가도 이 아이들이 너와 내가 낳은 자식이라면 얼마나 좋을까 하는 생각을 수도 없이 했단다. 숙아 너는 어디 있는 거니? 운명은 우리의 사랑을 이렇게 갈라놓았구나. 오늘도 잊을 수 없는 숙아.'

이 일기 안에서 아주 중요한 몇 가지를 발견하게 됩니다.

첫째, 죄에 대한 개념차이가 사람마다 너무나도 다르다는 것입니다. 언제든지 여자를 꼬드겨서 재미를 보려고 하는 제비의 생각이 있는가 하면 유혹해오는 여자도 물리치고 달아나려고 하는 요셉의 생각도 있지 않습니까? 이렇게 사람의 생각에는 너무 차이가 많이 납니다.

'생각과 마음이야 어떻게 하냐? 행동만 안하면 되지.'

이렇게 생각하고 사는 사람들도 있습니다. 하지만 어떤 사람들은 이렇게 생각합니다.

'생각과 마음까지도 안 되는 거야. 분명 성경에서 그렇게 말씀하셨어.'

너무 차이가 나지 않습니까? 성경은 생각으로도 하면 안 된다고 말씀하십니다. 사실 너무 어려운 말입니다. 행동만 하지 않는 것도 쉽지 않은데 생각까지 하지 말라니, 마음까지 먹지 말라니 얼마나 어렵고 힘듭니까?

그런데 마음이 무너지면 가정이 어려워집니다. 행동이 무너지면 가정이 깨집니다. 때문에 가정을 지키려면 행동만 지켜서 될 일이 아니라 마음부터 지키라고 성경은 말씀하십니다.

둘째, 첫사랑은 실패하면 안 된다는 사실입니다. 평생 하는 사랑 가운데 가장 조건 없고 순수한 사랑이 바로 첫사랑입니다. 경험이 없을 때 시작된 사랑이 첫사랑입니다. 때문에 그 만큼 깨질 확률이 높습니다. 그래서 대부분의 첫사랑은 깨집니다.

그런데 문제는 순수했던 첫사랑이 깨진 후입니다. 그 다음 갖게 되는 수많은 사랑에서 항상 첫사랑이 마음의 여운으로 남아있기 때문입니다. 어차피 첫사랑이 성공할지라도 결혼해서 같이 살다 보면 멀어질 수 있습니다. 또 세 번째, 네 번째 사랑과 결혼하고 살더라도 멀어질 수 있습니다. 하지만 첫사랑만 알고 사는 것이 자기를 지키는 데 가장 유익합니다.

때문에 자녀들에게 반드시 가르쳐야 할 아주 중요한 교훈 가운데 하나가 바로 첫사랑을 성공시키는 것입니다. 이상한 사람과 첫사랑을 하지 않도록, 아름다운 첫사랑을 하도록 부모로서 관심을 가지고 지켜보고 또 조언도 해주어야 합니다.

웬만하면 사랑은 막지 마십시오. 물이 흘러가듯 사랑 역시 흘러가는 대로 자연스럽게 흐르도록 두는 겁니다. 억지로 사랑의 흐름을 막아놓거나 억지로 사랑의 흐름을 뚫으려고 하면 행복하기 어렵습니다. 물 흐름이 자연스럽듯 사랑의 흐름도 자연스러워야 합니다. 조건 때문에 사랑을 끊게 하고 다른 길로 몰아넣으면 그 조건에서 사랑이 시작될 것 같지만 그렇지 않더라는 겁니다.

셋째, 결혼한 후에는 그런 기록들을 남기지 말아야 합니다. 써도 되는 말이 있고 쓰면 안 될 말이 있습니다. 문제는 이런 일기를 읽은 아내의 반응입니다.

만일 이 여인의 입장이라면 어떻게 하겠습니까?

이 부인은 두 다리에 힘이 풀리고 말았습니다.

"이럴 수가! 아니 나를 안으면서 숙이를 생각해?"

남의 이야기라 대수롭지 않을 수도 있지만 자신의 이야기라면 어떻겠습니까? 어떤 문제도 마음과 행동이 중요하듯 그 문제에 대한 해결 또한 마음과 행동이 중요함을 알아야 합니다.

단순하게 생각하지 마십시오. 복잡하게 생각하라는 말이 아니라 넓고 다양하게 생각하라는 말입니다. 그리고 결과도 함께 생각하십시오.

과연 무엇이 참된 사랑이며, 무엇이 참된 성숙입니까? 넓게 크게 포용력 있게 생각할 것은 아무리 심각한 문제도, 아무리 심각한 일도 지나고 보면 별 것 아닌 것이 인생이더라는 겁니다. 가장 좋은 인생의 해답은 세월이라는 약입니다. 그때는 못 살 것 같아도 참고 살다 보면 얼마든지 좋은 부부관계를 회복할 수 있습니다.

그때는 이혼의 조건이요, 도저히 함께 살 수 없을 것 같지만 지나고 보면, "여보 요새는 숙이한테 편지 안 써?" 이렇게 농담하고 살 수 있는 것이 부부입니다. 세월이 지나면 아무 일도 아닌 일인데 세월의 약을 먹기 전에 사고부터 저지르지 마십시다.

넓게 생각하십시오. 헤어지는 것만이 능사가 아닙니다. 한번만 더 생각해 보면 남편을 이해하지 못할 것도 없습니다. 일단 결혼하기 전에 있었던 일입니다. 그렇게 일편단심 민들레 같은 사람이라면 그 마음을 나에게로 바꿔 놓을 수만 있다면 내게도 한결같은 남편이 되지 않겠습니까?

"나 만나기 전에 있었던 일인 것을 어떡해."

아내에게 그런 포용력이 있다면 남편 역시 참 고마울 것입니다.

"미안해 여보, 미안해. 그래 내가 미친놈이지. 이제 나 숙이 잊고 진짜 당신만 생각하고 살게."

그렇다면 아픈 과거로 인하여 얼마든지 더 좋고 성숙한 사랑을 이룰 수 있습니다. 그런데 일기 읽는 그 날로 끝낸다면 과연 잘한 것이라고 할 수 있습니까? 크고 작은 사건 앞에 반응할 때 조심하십시오. 단순하게 생각하지 말고 크고 폭넓게 생각하십시오. 조금만 넓고 크게 생각하면 별 것 아닙니다.

간음에 대한 성경의 단호한 태도

성경은 간음에 대하여 단호한 태도를 취합니다.

> 만일 네 오른 눈이 너로 실족케 하거든 빼어 내버리라 네 백체 중 하나가 없어지고 온 몸이 지옥에 던지우지 않는 것이 유익하며 또한 만일 네 오른손이 너로 실족케 하거든 찍어 내버리라 네 백체 중 하나가 없어지고 온 몸이 지옥에 던지우지 않는 것이 유익하니라(29, 30절)

간음을 두 가지 즉 하나는 눈으로 다른 하나는 손으로 표현합니다. 무슨 말입니까? 남자는 보는 것으로 인하여 자극을 받아 생각하고 행동하며 여자는 촉각으로 인해 자극을 받아 생각하고 행동한다는 겁니다. 그러니까 남자는 눈을 조심하고 여자는 손을 조심해야 합니다. 꼭 그런 의미로 쓰인 것은 아닐지 모르지만 생각해보면 어느 정도 일리가 있습니다.

간음의 결과가 무엇입니까? 간음하면 혼난다, 간음하면 안 된다, 간음하면 가정이 깨진다는 정도가 아닙니다. 말씀을 잘 살펴보면 간음의 결과는 지옥에 가는 것입니다. 백체 중 하나가 없어지고 죄를 이기면 구원 받겠지만, 백체 중 하나가 없어지지 아니하고 죄를 지으면 지옥 간다고 말씀하십니다.

저희 중에 어떤 이들이 간음하다가 하루에 이만 삼천 명이 죽었나니 우리는 저희와 같이 간음하지 말자 (고전 10:8)

그러나 네게 책망할 일이 있노라 자칭 선지자라 하는 여자 이세벨을 네가 용납함이니 그가 내 종들을 가르쳐 꾀어 행음하게 하고 우상의 제물을 먹게 하는도다 또 내가 그에게 회개할 기회를 주었으되 그 음행을 회개하고자 아니하는도다 볼지어다 내가 그를 침상에 던질 터이요 또 그로 더불어 간음하는 자들도 만일 그의 행위를 회개치 아니하면 큰 환난 가운데 던지고 또 내가 사망으로 그의 자녀를 죽이리니 모든 교회가 나는 사람의 뜻과 마음을 살피는 자인 줄 알지라 (계 2:20-23)

간음하면 갈 곳은 한 곳, 침상입니다. 간음하면 병원에 가게 되어 있습니다. 간음하면 그때는 표시가 나지 않지만 결국에는 병원에 갑니다. 그리고 환난이 옵니다. 죽음이 찾아옵니다. 엑스레이

사진 찍어놓듯 정확한 말입니다.

> 이 사람들은 여자로 더불어 더럽히지 아니하고 정절이 있는 자라 어린 양이 어디로 인도하든지 따라가는 자며(계 14:4)

> 그러나 두려워하는 자들과 믿지 아니하는 자들과 흉악한 자들과 살인자들과 행음자들과 술객들과 우상 숭배자들과 모든 거짓말하는 자들은 불과 유황으로 타는 못에 참예하리니 이것이 둘째 사망이라(계 21:8)
> 개들과 술객들과 행음자들과 살인자들과 우상 숭배자들과 및 거짓말을 좋아하며 지어내는 자마다 성밖에 있으리라(계 22:15)

간음의 종류

간음에도 여러 가지 종류가 있습니다.

첫 번째는 마음으로 하는 욕정입니다.

두 번째는 자신의 배우자 이외의 다른 사람과 하는 신체적인 성관계입니다.

세 번째는 혼전에 하는 성행위입니다.

네 번째는 이혼의 행위입니다.

다섯 번째는 이혼한 사람과 결혼하는 행위입니다.

여섯 번째는 하나님께 영적으로 부정하여 배교하는 행위입니다.

간음하는 여자들이여 세상과 벗된 것이 하나님의 원수임을 알지

못하느뇨(약 4:4)

하나님의 심판과 죄의 최고봉은 항상 간음이었음을 잊지 마십시

오.

음행을 피하라 사람이 범하는 죄마다 몸 밖에 있거니와 음행하는

자는 자기 몸에게 죄를 범하느니라(고전 6:18)

창세기 6장을 보십시오. 노아의 심판이 왜 왔습니까? 노아의 심
판이 온 결정적 죄는 간음이었습니다. 창세기 19장에 보면 소돔 고
모라가 왜 멸망했습니까? 소돔 고모라가 멸망하기 직전에 나타난
죄 역시 간음입니다.

회개만이 살 길이다

이 모든 잘못에서 살 수 있는 길은 오직 회개뿐입니다. 용서만이
해결책입니다. 간음을 했다면 어떻게 해야 합니까? 요한복음 8장
을 보면 간음의 현장에서 잡힌 여자가 등장합니다. 사람들이 돌로
쳐서 죽이자고 하는데 예수님은 그 여인에게 이렇게 말씀합니다.

나도 너를 정죄하지 아니 하노니 가서 다시는 죄를 범치 말라

(요 8:10)

용서하십니다. 아내를 용서하십시오. 남편을 용서하십시오. 상대편은 용서하고 나는 회개하십시오. 그것이 사는 길입니다. 그런데 순서가 바뀌어서 상대편에게는 회개하라고 하고 자신을 용서해서는 안 됩니다. 내가 잘못했으니 나는 회개하고 그는 용서하는 것입니다. 용서와 회개가 있을 때 역사가 일어납니다.

> 만일 우리가 죄 없다 하면 스스로 속이고 또 진리가 우리 속에 있지 아니할 것이요 만일 우리가 우리 죄를 자백하면 저는 미쁘시고 의로우사 우리 죄를 사하시며 모든 불의에서 우리를 깨끗케 하실 것이요 (요일 1:8, 9)

> 여호와께서 말씀하시되 오라 우리가 서로 변론하자 너희 죄가 주홍 같을지라도 눈과 같이 희어질 것이요 진홍같이 붉을지라도 양털같이 되리라 (사 1:18)

하나님이 우리들을 용서하시듯 모든 인간관계 가운데에서도 자신은 회개하고 상대방은 용서할 때 그것이 가장 좋은 해결책입니다.

다윗의 삶이 위대하고 훌륭합니까? 다윗이 한번도 잘못한 것이 없기 때문에 위대한 것이 아닙니다. 다윗도 잘못한 적이 있습니다. 하지만 그는 잘못을 회개할 줄 알았습니다. 때문에 다윗이 위대한 것입니다.

요셉처럼 완전히 깨끗한 자가 있는가 하면, 다윗처럼 실수했지만 회개한 자가 있고, 또 엘리의 아들 홉니와 비느하스처럼 잘못하고 끝나버린 자도 있습니다.

어떤 사람이 되기를 원하십니까? 잘못하고 끝나버리는 사람이 되어서는 안 됩니다. 잘못했을지라도 회개하고 용서 받는 사람이 되고, 더 훌륭한 것은 잘못이 없는 인생이 되어야 합니다.

> 음행과 온갖 더러운 것과 탐욕은 너희 중에서 그 이름이라도 부르지 말라 이는 성도의 마땅한 바니라(엡 5:3)

> 그러므로 땅에 있는 지체를 죽이라 곧 음란과 부정과 사욕과 악한 정욕과 탐심이니 탐심은 우상 숭배니라 이것들을 인하여 하나님의 진노가 임하느니라(골 3:5, 6)

> 하나님의 뜻은 이것이니 너희의 거룩함이라 곧 음란을 버리고 각각 거룩함과 존귀함으로 자기의 아내 취할 줄을 알고 하나님을 모르는 이방인과 같이 색욕을 좇지 말고 이 일에 분수를 넘어서 형제를 해하지 말라(살전 4:3-6)

다스리며 지키라

> 여호와 하나님이 그 사람을 이끌어 에덴동산에 두사 그것을 다스리며 지키게 하시고(창 2:15)

다스리며 지키라고 말씀하십니다. 이것은 하나님이 에덴동산을 만들어놓고 아담과 하와에게 하신 말씀입니다. 하나님이 주신 행복은 놓아두면 저절로 이루어지는 것이 아니라 다스려야 되고 지켜야 합니다. 하나님이 만들어주신 가정 역시 저절로 놔두면 되는 것이 아니라 다스리고 지켜야 합니다.

남편을 지키시고, 아내를 지키시고, 자녀를 지키시고, 부모를 지키시고, 물질을 지키시고, 건강을 지키십시오. 지켜야 됩니다. 그런데 왜 못 지킵니까? 지킬 수가 없기 때문입니다. 본인부터 잘못에 빠진 사람은 지킬 수가 없습니다.

잘못되는 가정을 보면 누구 하나 지켜줄 사람이 없을 경우가 많습니다. 본인이 헤매는데 누구를 지킵니까? 내가 빠져 있는데 누구를 지킵니까? 지켜야 합니다. 그런 일이 생기기 전에 지켜야 합니다. 창세기부터 하나님은 지키고 다스리라고 말씀하셨습니다.

조금만 정신차리면 다 보입니다. 부인이 화장하는 게 이상합니까? 정도를 넘어선 화장을 한다면 이미 이상한 겁니다. 분수에 안 맞게 자꾸만 옷을 산다면 이상한 겁니다.

여자들의 이상증상은 머리나 옷에서부터 나타납니다. 분수에 넘치는 행동을 하거든 지키십시오. 자식은 돈 쓰는 것을 보면 알 수 있습니다.

그런데 이상한 증세를 느끼고도 가만히 두는 가정이 있습니다. 왜 그렇습니까? 그 사람에 대한 애정이 부족하거나 이미 포기했기 때문입니다. 놔두지 말고 포기하지 말고 신경을 살리십시오. 자식에 대한 신경, 남편에 대한 신경, 아내에 대한 신경을 살리십시오.

원죄가 없는 하와도 뱀을 만난 후 본인이 선악과를 따먹는 것은 물론이고 남편에게까지 그것을 권했습니다. 원죄 없는 하와가 넘어질 때에야 죄 속에 출생한 우리들은 왜 넘어지지 않겠습니까? 원죄 없는 아담이 넘어질 때에야 죄 속에 출생한 남자들이 왜 안 넘어지겠습니까? 지켜야 합니다.

지키십시오. 그리고 용서하십시오. 물론 용서가 쉬운 것은 아닙니다. 때문에 십자가의 길이 좁다고 하는 것입니다. 할 수 없지만 용서하는 것, 살 수 없지만 살아가는 것, 참을 수 없지만 참아내는 것 그것이 바로 좁은 길입니다.

용서할 수 없지만 용서하고, 참을 수 없지만 참아내면서 좁은 길을 걸읍시다. 그렇게 아내를 지키고, 남편을 지키고, 가정과 건강을 지킴으로 에덴의 행복이 회복되는 가정이 되기를 바랍니다.

이혼

또 일렀으되 누구든지 아내를 버리거든 이혼 증서를 줄 것이라 하였으나 나는 너희에게 이르노니 누구든지 음행한 연고 없이 아내를 버리면 이는 저로 간음하게 함이요 또 누구든지 버린 여자에게 장가드는 자도 간음함이니라(마 5:31~32)

지금은 덜합니다만, 처음 미국에서 집회할 때에는 그 곳 목사님들로부터 설교내용에 대하여 두 가지 금기사항을 주문 받았습니다. 첫째로 피부색에 대해서는 말하지 말라는 겁니다. 둘째 이혼에 대해서는 말하지 말라는 겁니다. 함께 예배드리는 성도 가운데 상당수가 이혼경험이 있기 때문에 이혼에 대한 설교는 듣기 싫어하기 때문입니다.

충고는 받아들일 것과 거절해야 할 것이 있습니다. 피부색에 대해서는 저 역시 할 말이 없습니다. 하나님은 무슨 인종이든 똑같이 사랑하시며, 피부색에 의해서 좌우되는 것은 성경적 시각에서도 옳지 않기 때문에 피부색에 대한 설교는 할 것이 없습니다.

그러나 이혼에 관한 설교에 대해서는 입장이 다릅니다. 의도적으로 자주 하지는 않을지라도 성경에 나타난 비중과 횟수 만큼은 해야 한다고 생각합니다. 다소 듣기 싫고 때로는 거슬린다 할지라도 반드시 선포되어 된다고 생각합니다.

설교가 듣는 모든 이들에게 은혜가 되면 가장 좋겠지만, 때로는 어떤 이에게는 은혜가 되고 어떤 이에게는 은혜가 안 될 때가 있습니다. 혹 그것이 잘못된 설교이기 때문이라면 설교자가 고쳐야 합니다.

하지만 옳은 설교이고 마땅히 전해야 될 설교인데 듣기 거북한 몇 사람이 있다고 해서 성경의 말씀을 전하지 못한다는 것은 성경적이지 않다고 생각합니다.

설교에는 잘못될 수 있는 일들을 미연에 방지하는 역할이 있습니다. 즉 앞으로 잘못될 것을 막기 위해서 설교해야 하는 것입니다. 또 설교에는 잘못된 것을 회개하고 고치는 역할도 있습니다. 혹 설교 말씀을 듣는 가운데 본인에게는 아무런 효과도, 아무런 도움도 되지 않을지라도 그 설교가 도움이 될 다른 사람을 위해서라면 참고 인내해줘야 합니다. 내게 해당되지 않는다고 해서 필요 없는 설교가 아니라, 해당되는 다른 사람을 생각하면서 내가 참으면 됩니다.

'이혼' (divorce)은 생존중인 부부가 합의 또는 재판상의 청구에 의해서 혼인 관계를 해소하는 일을 뜻합니다. 미국은 이혼율이 50%가 훨씬 넘어섰고 우리나라 역시 이미 30%가 넘어선 것으로 알려졌습니다. 결혼하는 열 가정 가운데 세 가정은 무너지고 있다는 것입니다.

그런데 알고 보면 이혼은 어제 오늘의 문제가 아닙니다. 수천 년 전 기록된 하나님의 말씀 속에서도 이혼에 대하여 여러 번 언급하고 있음을 통하여 그 사실이 반증됩니다.

율법에서의 이혼과 은혜의 법 아래에서의 이혼

> 또 일렀으되 누구든지 아내를 버리거든 이혼 증서를 줄 것이라 하였으나(31절)

구약의 율법에도 이혼에 대해서 언급합니다. 예수님은 말씀하실 때 율법을 인용하고 은혜의 법으로 보완하신 적이 많습니다. 그렇다면 이혼에 대하여 율법은 뭐라고 말씀하십니까?

> 사람이 아내를 취하여 데려온 후에 수치되는 일이 그에게 있음을 발견하고 그를 기뻐하지 아니하거든 이혼 증서를 써서 그 손에 주고 그를 자기 집에서 내어보낼 것이요 그 여자는 그 집에서 나가서 다른 사람의 아내가 되려니와(신 24:1, 2)

이것이 율법입니다. 모세의 율법이나 예수님의 은혜의 법이나 그 근본정신은 모두 사랑입니다. 법이라고 하면 무조건 나쁜 것이라고 생각하는 사람들이 있는데 사실은 그렇지 않습니다. 법이 나쁜 것이라면 왜 하나님이 법을 만들었겠습니까? 법은 유익을 위해서 있는 것입니다. 모든 법의 정신 역시 사랑에서 출발합니다. 그래서 사랑은 율법의 완성이라고 하는 것입니다.

그렇다면 모세의 율법과 예수님의 은혜의 법의 차이점은 무엇입니까? 모세의 율법이 최소한의 사랑이라면 예수님의 은혜의 법은 최대한의 사랑이라고 표현하고 싶습니다. 모세가 이혼을 허락하는 이혼 증서를 주라는 것은 이혼을 정당화하기 위함이 아니라 최소한의 사랑을 요구하는 것입니다. 괜히 이혼하는 것이 아니고 수치되는 일이 있을 때 이혼하라는 것입니다.

그렇다면 여기에서 수치 되는 일이란 무엇입니까? 여기에는 크게 두 가지 견해가 있습니다.

첫 번째로 여자가 음식을 너무 못하는 것입니다. 이런 밥을 평생 먹어야 한다고 생각하니까 끔찍해서 못 살 것 같습니다. 그래서 하는 이혼이 수치스러운 이혼입니다. 여자가 너무 수다스럽습니다. 한 시도 입이 쉬지 않습니다. 그렇게 입방정을 떨어서 온 집안을 쑥대밭으로 만듭니다. 이 여자의 수다 때문에 집안이 평안할 날이 없습니다. 그래서 이혼하는 것 역시 수치스런 이혼입니다.

여자가 낭비벽이 너무 심합니다. 그러니 집안 살림이 남아나는 것이 없습니다. 도저히 재정 관리를 할 수 없게 되었을 때 하는 이혼 역시 수치스런 이혼입니다.

두 번째로는 여자에게 수치스런 과거가 있는 것입니다. 결혼을 해놓고 보니까 여자에게 과거가 있습니다. 그래서 하는 이혼이 수치스런 이혼입니다.

어찌 되었든 여자에게 수치스러운 부분이 있어 이혼할 때 이혼 증서를 해주라고 말씀하십니다. 혹 여자가 괘씸해서 아무 것도 해주지 않는다면 이 여인은 오도 가도 못하고 평생 그렇게 살 수밖에 없는 처지가 되고 말지 않습니까? 그런 일이 없도록 아무리 수치스런 여자일지라도 어디 가서 살아갈 수 있도록 이혼 증서를 써주라는 겁니다.

즉 모세의 율법은 '이혼 증서를 해줘서 수치스러운 여자일지라도 어디 가서 살게 해줘라' 라고 하는 궁여지책의 사랑의 표현입니다. 즉 여자를 골탕 먹이는 사람들에게 선처해 줄 수 있는 법의 배려였습니다. 이것이 수치스러운 여자에게 모세의 율법이 배려해주는 최소한의 사랑입니다.

그렇다면 예수님의 은혜의 법 아래에서 최대한의 사랑은 무엇입니까? 용서하고 덮어주고 살라고 하십니다.

나는 너희에게 이르노니 누구든지 음행한 연고 없이 아내를 버리면 이는 저로 간음하게 함이요 또 누구든지 버린 여자에게 장가드는 자도 간음함이니라 (마 5:32)

즉 주님은 우리에게 말씀하시기를 이혼하지 말라고 하십니다. 음행한 연고 없이 이혼하는 것은 그 여자로 간음하게 하는 것이며, 이혼한 여인과 결혼하는 것 또한 간음하게 함이기 때문에 이혼하지 말라고 하십니다.

이혼을 금하신 이유
하나님께서는 왜 이혼을 금하셨습니까?

안 좋은 상태로 다시 돌아가는 것이므로
이혼은 하나님 보시기에 안 좋은 상태로 다시 돌아가는 것이기 때문에 금하십니다.

> 여호와 하나님이 가라사대 사람의 독처하는 것이 좋지 못하니 내가 그를 위하여 돕는 배필을 지으리라 하시니라 (창 2:18)

하나님은 사람이 독처하는 것이 좋지 않아 돕는 배필을 주어서 함께 살게 하셨습니다. 혼자 사는 것이 보기 싫어서 둘이 함께 살도록 하셨는데 다시 혼자 살면 하나님 보시기에 보기 싫은 상태로 되돌아가는 것 아닙니까? 그러니까 이혼하지 말라고 하십니다.

"목사님 뭔 말씀을 그렇게 하세요. 하나님 보시기에 안 좋을지 몰라도 나는 혼자 사는 것이 훨씬 편해요."

얼마든지 그럴 수도 있습니다. 하지만 아담 역시 불편해서 하나님이 하와를 만들어주신 것은 아닙니다. 부부란 편하게 사느냐, 불편하게 사느냐 하는 것으로 평가되어서는 안 됩니다. 불편하면 헤어지고 편하면 함께 사는 것이 부부가 아닙니다.

아담이 불편하니까 만들어달라고 해서 하와를 주신 것이 아니라 하와는 하나님의 일방적인 선물입니다. 에덴동산 역시 아담이 요구해서 만들어준 것이 아니라 하나님의 일방적인 선물입니다.

그렇다면 선물을 주신 것에 문제가 있는 것이 아니라 잘 사용하지 못하고 잘 관리하지 못한 사용자의 문제 아닙니까? 주신 하나님이 잘못이 아니라 제대로 관리하지 못한 내가 잘못인 것입니다.

마찬가지로 하나님이 여자를 만들어준 것은 불편하기 때문에 편하게 하기 위함이 아니라 하나님 보시기에 좋지 않으셨으니까 보기 좋게끔 하기 위함입니다.

그렇다면 보기 좋게 살아야지 왜 보기 좋지 않은 모습으로 다시 돌아가려고 합니까?

독처하는 것이 하나님 보시기에는 좋지 않은데 왜 인간은 때때로 그것을 편하게 느낍니까? 그것은 관점이 잘못되었기 때문입니다. 부부는 편하고 불편하고 그것으로 좌우되는 관계가 아닙니다. 그것 말고도 너무나도 중요한 의미가 그 속에 담겨 있습니다. 그러니까 불편해도 참고 사는 겁니다.

사람은 누구나 이기적이기 때문입니다. 인간관계를 이기적으로 생각하면 안 됩니다. 누군가를 사랑하는데 상대방이 그 사랑을 받아주지 않으면 짝사랑이라고 하지 않습니까? 짝사랑이 얼마나 힘든지 모릅니다. 그런데 짝사랑보다 더 힘든 것이 있습니다. 마음속에 사랑은 가득한데 아무도 사랑할 대상이 없는 것입니다.

천국이 무엇이며 지옥이 무엇입니까? 사랑의 관점에서 보자면 하나님으로 하여금 끝까지 짝사랑하게 만든 사람이 가는 곳이 지옥이며, 하나님과 교통하는 사랑을 하는 사람이 가는 곳이 천국입니다. 하나님께서 짝사랑하지 않도록 하십시오.

하나님을 사랑하십시오. 구원이 뭡니까? 교통하는 사랑이 구원입니다. 멸망이 뭡니까? 하나님으로 하여금 끝까지 짝사랑하게 만든 것이 멸망입니다.

하나님이 여러분을 사랑하시는 것은 분명합니다. 믿던 안 믿던 그것은 분명한 사실입니다. 우리들이 의인이든 죄인이든 하나님이 우리를 사랑하시는 것은 분명합니다. 문제는 내가 하나님을 사랑하느냐 하는 겁니다. 하나님이 나를 사랑하는 건 분명한데 과연 나는 하나님을 사랑합니까? 내가 하나님을 사랑하면 교통하는 사랑이고 내가 하나님을 사랑하지 않으면 하나님은 여러분을 향하여 짝사랑하고 계시는 것입니다.

인간이 혼자 사는 것이 좋았다면 어찌 종족이 번식되었겠습니까? 편하든 불편하든 그것을 떠나서 그래도 아내가 있어야 자녀가 있을 수 있지 않습니까? 부모님 없이 어찌 내가 있을 수 있습니까? 부모님께 감사하십시오.

엄청난 어려움이 있을 것이므로

이혼하기 전에 있었던 수많은 어려움보다 이혼한 후에 오는 어려움이 더 크기 때문에 이혼하면 안 됩니다. 그냥 이혼하는 사람은 없습니다. 누구나 저마다 합당한 사유가 있어서 이혼 합니다. 어렵기 때문에 이혼합니다. 그러나 그 이유가 열 개 스무 개일지라도 이혼 이후에 몰아닥치는 어려움에 비하면 그래도 그것이 더 훨씬 더 적음을 깨달으십시오.

이혼사유로 무엇들을 말합니까?

대부분의 사람들은 '성격차이'를 말합니다. 너무 안 맞아서 살 수 없다고 합니다. 그런데 생각해 보면 이 세상에 잘 맞는 부부는 하나도 없습니다. 잘 맞는 부부가 되도록 서로 노력해가는 부부가 있을 뿐입니다.

장기이식을 할 때 내 몸에 남의 콩팥 하나가 들어와도 내 온몸이 그것을 거부하는 반응을 보입니다. 때문에 거부반응이 일어나지 못하도록 주사도 맞고 치료도 하는 것입니다. 전체가 내 몸이고 남의 몸에서 온 것은 단지 콩팥 하나인데도 부작용이 생긴다는 겁니다. 그런데 어찌 서로 다른 남남이 만났는데 문제가 없겠습니까? 평생 싸우면서 부작용이 일어납니다.

그러므로 성격 차이는 이상한 것이 아니라 당연한 겁니다. 잘 맞지 않는 부부는 이상한 것이 아니라 지극히 정상인 것입니다. 맞지 않지만 서로 맞춰가는 것이 정상입니다. 오히려 잘 맞는 부부가 이상한 겁니다.

이혼사유로 과거가 있다든지, 바람을 피웠다든지 하는 상대방의 부정행위를 꼽습니다. 그런데 보면 종양도 양성 종양이 있고 악성 종양이 있듯이, 바람도 양성 바람이 있고 악성 바람이 있습니다. 살짝 바람피우다가 제자리로 돌아가는 것이 양성 바람이고, 그냥 아예 그 집으로 들어가버리는 것이 악성 바람입니다. 이 둘을 잘 구분해야 합니다. 악성 바람은 원상복귀가 되지 않습니다.

이혼할 만한 사유로 물질적인 손실을 꼽습니다. 여자의 살림살이가 규모가 없고 때로는 허튼 곳에 돈을 날려버렸기 때문에 이혼하겠다고 합니다.

얼마 전에 뉴스를 보고 얼마나 충격을 받았는지 모릅니다. 우리나라 주부 도박단의 판돈이 3억원이라고 합니다.

그러니 남자가 되었든 여자가 되었든 예수님만 잘 믿으면 만사 근심 더는 겁니다. 믿음이 좋은 성도 치고 노름하고 나쁜 짓하고 다니는 사람이 있습니까? 믿음이 가정의 행복을 든든하게 지켜줍니다. 아무리 적은 돈을 걸더라도 노름은 하지 마십시오.

이혼 사유로 공방살이 낀 것을 꼽습니다. 부부간에 불화한 삶입니다. 괜히 꼴도 보기 싫습니다. 배우자가 꼴도 보기 싫습니다. 그래서 도저히 못살겠다고 합니다.

아직 바람을 피운 것은 아니지만 더 사랑하는 사람이 생겼을 때 이혼하려고 합니다. 여기에도 양성이 있고 악성이 있습니다. 신랑 말고 딴 남자가 더 좋아질 때 양성종양이면 기분이 좋습니다. 그런데 이것이 악성이 되면 얼마나 괴로운지 모릅니다. 왜 애인문화가

문제인지 아십니까? 애인이 생기게 되면 현실의 삶이 불만스러워
지기 때문입니다.

> 나는 너희에게 이르노니 여자를 보고 음욕을 품는 자마다 마음에
> 이미 간음하였느니라 (마 5:28)

하나님이 금하신 일이므로
하나님이 금하신 일이기 때문에 이혼해서는 안 됩니다.

> 이러한즉 이제 둘이 아니요 한 몸이니 그러므로 하나님이 짝지어
> 주신 것을 사람이 나누지 못할지니라 (마 19:6)

> 이스라엘의 하나님 여호와가 이르노니 나는 이혼하는 것과 학대
> 로 옷을 가리우는 자를 미워하노라 만군의 여호와의 말이니라 그
> 러므로 너희 심령을 삼가 지켜 궤사를 행치 말지니라 (말 2:16)

이혼할 수밖에 없는 그 어떤 상황과 합당한 이유보다 하나님이
뜻과 하나님의 말씀에 순종하는 것이 더 중요합니다.
"이렇게 사느니 차라리 죽는 게 더 낫겠다."
"이렇게 사느니 차라리 헤어지는 게 더 낫겠어요."
많은 사람들이 이렇게 말합니다. 그런데 이 두 말에는 공통점이
있습니다. 이쪽 편만 알았지 저쪽 편은 모르고 하는 소리라는 겁니

다. 이렇게 사는 것이 힘든 것만 알았지 저렇게 사는 것이 어떤지는 모르기 때문에 그렇게 말하는 것입니다.

이 생이 안 좋은데 어떻게 저 생이 좋습니까? 이 세상이 안 좋은데 어떻게 저 세상이 좋습니까? 같이 사는 것이 안 좋은데 어떻게 헤어져서 사는 것이 더 좋겠습니까?

반드시 그런 것은 아니지만 결혼 생활이 힘든 사람은 이혼 후에는 그 생활이 몇 배나 더 힘든 것이 일반적인 경우입니다. 반대로 이혼하면 좋을 사람은 이혼하지 않아도 얼마든지 좋게 살 수 있습니다. 그러니까 이혼할 필요가 없습니다.

이혼 후에 오는 충격 때문에

이혼 후에 오는 충격을 미리 한번 당겨서 생각해 보십시오.

사회생활에 지장을 받습니다. 이혼을 하게 되면 진짜 괜찮은 친구들은 떨어져 나갑니다. 왜 그렇습니까? 남편이 이혼한 친구와는 놀지 말라고 하기 때문입니다. 수준 있는 남편은 자기의 아내가 아무하고 어울리는 것을 그냥 두지 않습니다.

"당신 그 친구하고 놀지 마라. 당신 물든다. 그 여자 이혼했다며. 놀지 마."

괜찮은 친구는 남편이 단속하니까 관계가 깨어집니다. 결국 그렇고 그런 사람들하고만 놀게 되는 겁니다.

또 이혼하고 혼자 살면 별 이상한 사람들이 무시하고 집적거리고 건드립니다. 아파서 골골대더라도 남편이 있으면 그렇지 않은

데 없으면 무시당합니다. 무엇보다 누가 뭐라고 하지 않아도 자기 스스로 자꾸 움츠려들게 됩니다.

남들은 이혼했는지도 모르는데 자기 스스로 괜히 쭈뼛거립니다. 누가 어려움을 주는 게 아니라 자기 스스로 만든 피해의식이 자기를 힘들게 합니다. 인생을 살다 보면 피해 의식이 굉장히 중요합니다. 그냥 당당하게 살아도 되는데 자기 스스로 피해의식을 만듭니다.

또 젊은 사람들은 성적으로 충족되지 못하는 고통을 겪게 됩니다. 같이 살 때는 몰랐지만 혼자 있어보니까 견딜 수 없는 외로움과 성적 충동에 힘들어집니다. 다 그런 건 아니지만 때로는 이로 인하여 막 몸이 아프기도 합니다.

이렇게 이혼하기 전에 미처 몰랐던 어려움들이 생깁니다. 정상적인 부부는 이 설교를 그냥 듣습니다. 하지만 그런 경험이 있는 성도들은 자꾸 마음에 걸립니다. 즉 평범한 설교가 평범하게 들리지 않습니다. 그리고 성경을 읽을 때에도 본문 말씀 같은 구절은 그냥 넘어가고 싶은 아픔이 생깁니다.

고통을 피해서 헤어지는 사람도 있고 더 나은 삶을 추구하려고 헤어지는 사람도 있지만, 제가 장담건대 지금 남편보다 더 좋은 남자를 만날 확률은 거의 없습니다.

"목사님, 제가 인기가 얼마나 많은데요."

알고 지내는 것과 결혼은 엄연히 다릅니다. 혼자 살면서 애쓰는 그 노력의 절반만 하면 얼마든지 헤어지지 않고 살 수 있습니다. 그 나이에 더 좋은 남자가 어디 있고 더 좋은 여자가 어디 있습니까? 그렇다면 이미 가정을 이룬 사람의 배우자를 **빼앗아야** 하는데 그렇게 남의 가정에 아픔을 주면 됩니까?

그리고 아이들은 어떻게 합니까? 사별한 아이들은 비교적 슬픔을 이기고 잘 산다고 합니다. 하지만 이혼한 아이들에게 오는 정신적 충격은 어떻게 할 것입니까?

차라리 천국 갔을 때 주님으로부터 "내가 안다, 그런 신랑 모시고 사느라고 애썼다." "네 부인을 안다. 나 같아도 데리고 살기 힘들었을 거다. 그래도 너니까 데리고 살았지." 이렇게 칭찬 듣는 게 낫지 않습니까?

부부라고 해서 한없이 부부는 아닙니다. 50대 후반 60대로 들어서면 그냥 친구로 변해서 삽니다. 그러니까 사랑이 없으면 정으로 살고, 정도 없으면 인간의 도리로 살고, 도리도 없으면 그냥 믿음으로 살고, 믿음도 없으면 그냥 소망으로 살고, 소망도 없으면 그냥 사십시오. 고운 정 미운 정, 정으로 사십시오. 정도 없으면 부부의 도리로 사십시오.

"부부의 도리를 지킬 것을 서약하십니까?"

결혼식 때 한 그 서약을 지키기 위해서 사십시오. 만일 도리도 없다면 믿음으로 사십시오. 믿음도 없으면 소망으로 살고 소망도 없으면 그냥 사십시오.

만일 지금 갈라섰다면 잘못했다고 하고 들어가십시오. 염치가 없고 쑥스러워서 그렇지 들어가면 됩니다. 인간관계라는 건 용서하면 다 되는 겁니다. 용서를 빌면 다 되는 겁니다. 잘못했다고 하고 들어가십시오.

"목사님 못 들어가요. 벌써 다른 사람이랑 살고 있어요."

그렇다면 그냥 사십시오. 이미 잘 못 돼 버린 사람에게 주시는 하나님의 희소식이 있습니다. 하나님은 어떤 잘못을 했을지라도 항상 행복으로 끝나게 하신다는 것입니다.

> 알지 못하던 시대에는 하나님이 허물치 아니하셨거니와 이제는
> 어디든지 사람을 다 명하사 회개하라 하셨으니 (행 17:30)

모르고 한 것에 대해서 하나님은 모든 것을 용서해주십니다. 그러니까 이제부터 하지 않으면 됩니다. 하나님은 우리가 회개한 죄에 대해서는 등 뒤에 두고 기억치 아니하신다고 말씀하십니다. 하나님은 우리가 회개한 과거는 다시 묻지 않으십니다.

이혼한 사람들이 이혼 후에 느끼는 감정, 경험했던 것들을 적어 놓은 것을 읽어본 적이 있습니다.

'그렇게 후련할 수가 없어요.'

'여러분 웬만하면 헤어지세요.'

이렇게 말하는 사람은 한 사람도 없습니다.

'참을 걸 그랬어요.'

'이런 어려움이 있는 줄은 정말로 몰랐어요.'

'이 글을 읽는 사람은 절대 이혼하지 마십시오.'

한결같이 후회합니다. 왜 그렇습니까? 만사 사필귀정이기 때문

입니다. 사필귀정, 만사는 필히 정으로 돌아온다는 것입니다.

하나님의 말씀의 원리가 진리이므로 그렇습니다. 진리는 만고불변합니다. 진리는 영원합니다. 만고불변하니까 진리인 것입니다. 그러니까 진리대로 살아가는 것이 감정대로 살아가는 것보다, 환경 따라 사는 것보다 좋은 것입니다.

이혼은 사소한 데서 시작됩니다. 산만한 불이 하늘에서 내려와서 산을 모두 태우는 것이 아니라 아주 조그마한 불씨가 산을 모두 태우는 것처럼, 가정의 이혼도 작은 불씨에서 시작됩니다.

아무 것도 아닌 것이 발단이 되어서 큰 문제를 일으킵니다. 그리고는 '우리는 너무 안 맞는다'고 생각합니다. 하지만 축소해 들어가 보면 아무 것도 아닙니다.

남편이 마음에 안 듭니까? 그럴 수도 있습니다. 하지만 이런 남편일지라도 정말 괜찮은 여자를 만났다면 지금보다 더 훌륭해졌을 것입니다.

아내가 마음에 들지 않습니까? 좋은 남자 만났더라면 정말 괜찮은 여자가 될 수 있었을 것인데 나를 만나서 이렇게 밖에 안 되었다고 생각할 수 있지 않습니까? 그렇다면 미안한 마음으로 송구스러운 마음으로 아끼고 이해하고 살아가야 하지 않습니까?

조금만 노력해보십시오. 나는 고정하고 신랑에게만 뭐라고 하지 말고, 나는 고정하고 아내에게만 뭐라고 하지 말고 나 자신부터 한번 바꿔보십시오. 이혼하지 않고 살려면 마음의 넉넉함, 즉 사랑이 필요합니다.

그리고 기도하십시오. 이혼도 영적인 것입니다. 둘을 하나로 합하는 것이 하나님의 역사요, 그 하나를 둘로 나누는 것이 마귀의 역사입니다. 즉 이혼은 마귀의 역사이기 쉽습니다. 기도해 보십시오. 이길 수 있습니다. 남편을 위해서 아내를 위해서 기도하십시오.

이해하고 용서하십시오. 나는 주님으로부터 일만 달란트를 용서받은 사람입니다. 내 아내와 내 남편은 나에게 백 데나리온을 용서받을 사람입니다. 당연히 용서해줘야 되지 않겠습니까?

아무리 지금 어려울지라도 잘 참고 견디면 반드시 잘 했다 싶은 보람이 있을 것입니다. 왜냐하면 지금은 그럴지라도 좀더 지나면 결국 남는 것은 부부밖에 없기 때문입니다.

왜 40대 여인들이 남편과의 갈등이 심해져서 이혼하려고 하는지 아십니까? 40대이기 때문입니다. 남편이 사업과 직장을 아내보다 더 사랑하기 때문에 밖으로 나가 버렸고, 아내는 남편보다 자식을 더 사랑하기 때문에 사랑을 뺏겨버렸기 때문입니다.

아내는 사랑을 자식에게 뺏겨버리고 남편은 사랑을 직장과 사업에 뺏겨버리니까 사랑 없이 껍데기만 붙어서 살려니까 얼마나 힘들겠습니까? 그러니까 톡톡 튀는 겁니다.

그런데 왜 참으면 되는지 아십니까? 조금 더 지나면 사업도 직장도 자식도 다 떠나가고 결국 부부만 남게 됩니다. 그때 그 부부의 사랑은 반드시 회복될 것입니다.

미친 듯 직장생활을 하지만 나중에 그 직장에서 퇴직 당할 때 배신감을 가지고 다시 가정으로 돌아오게 됩니다. 사업에 미친 듯이 뛰다가 언젠가 '이게 아니다' 하고 가정으로 돌아옵니다.

자식을 너무 사랑해서 신랑은 없을지라도 자식만 있으면 살 수 있을 것 같지만 자녀가 제 짝 찾아서 갈 때 충격 받고 울고 다시 가정으로 돌아옵니다. 그것이 당연한 겁니다.

남는 건 딱 부부뿐입니다. 지금은 아무리 원수 같은 신랑, 꼴도 보기 싫은 마누라이지만 조금만 기다려 보십시오. 이렇게 보배일 수 없습니다. 이런 진주를 내가 왜 몰랐던가 후회하게 될 것입니다.

좋은 세월을 낭비하고 후회하지 말고 붙잡아 주시고 사랑해 주시고 아껴주면서 살아가십시다.